Oral Communication Training Series

今すぐ話せる タイ語

入門編

ภาษาไทย

水野　潔

発刊にあたって

　観光や留学、ビジネスなどを通じて、従来にも増して海外との交流が活発化しています。しかし、多くの日本人にとって外国語によるコミュニケーションは最も苦手とするところであり、外国人との会話にはつい逃げ腰になることが少なくありません。これについては、多くの識者も指摘しているように、日本における文法中心主義の外国語教育体制そのものに起因していることは間違いありません。

　「今すぐ話せるシリーズ」は、この教育体制への反省に立ち、外国語を音声によって繰り返し聞きながら、発音や言い回しなどを覚え、反射的に表現できるようになることを目的としています。

　すなわち、①聞く ⇨ ②話す ⇨ ③学ぶ ⇨ ④使う ⇨ ⑤チェック

のサイクルを繰り返し練習することによって、学習を始めたその日から話せる方式を採用しています。

　また本シリーズは、生きた外国語会話を楽しく、しかも短時間でマスターできるように、会話場面の多くを、各国の実際の日常場面に沿ったストーリーで展開しています。さらに、応用範囲を広げるために、よく使われる表現を多く用意し、各文例の中で単語を入れ替えて練習できるようになっています。

　特に、豊富な会話例をネイティブのスピードやリズムで反復して聞くトレーニングを繰り返すことができるように、〔CDを2枚〕用意しました。これによって、より確実にリスニング力を身につけられると同時に、実際にすぐに話せるようになることでしょう。

　そして、楽しみながら学習していくことによって、外国人と簡単なコミュニケーションがとれるレベルに到達できるはずです。

　このシリーズが、読者の皆さんの活躍するフィールドを広げ、新たな人間関係を築くチャンスとなることを願っています。

東進ブックス

はじめに

　一度訪れると私たちを魅了し、また訪れずにはいられない国、それがタイです。素敵な文化、おいしいタイ料理など、その理由はいろいろあるでしょうが、何といってもそのタイに住むタイの人々、いつも笑顔いっぱいのタイ人たちが、私たちがタイに魅了される大きな理由ではないでしょうか。

　新しい世紀を迎えるにあたり、私たちに身近なアジアの国々の人々といかに付き合っていくか、ということが日本人にとっての課題になっています。

　このような流れを受けてか、タイ語もまた日本社会で広く認知されている、といってもよいでしょう。一般の社会人はもちろん、大学のレベルでもタイ語を履修できる大学は数え切れなくなってきていますし、大学によってはタイ語を選択する学生の数は、欧米の言語を選択する学生の数よりも多いこともあるような状況です。

　本書は、このような背景を考慮し、タイ人たちといかに自然な会話をするか、ということを念頭に作られたものです。そのために日常生活や旅行中などによく用いる表現を厳選してあります。「話す」ということが第一の目標であるため、文法的な説明などは最小限に抑えてあります。また「自然な」会話を目指しているため、CD に録音されたタイ語はいわゆる学習用の録音とは異なります。間違いなくタイ人の話す自然なタイ語です。最初は戸惑うこともあるかもしれませんが、理屈抜きで何度も何度も繰り返し CD を聞き返し、この自然なタイ語を、タイ人のタイ語を精一杯真似してみてください。

　最後に、全編にわたってタイ語はもちろん日本語から解説の内容にいたるまでチェックをしてくださったスニサー・ウィッタヤーパンヤーノンさん、原稿作成などの段階ですっかりお世話になった（株）エディポックのスタッフの皆様に、この場をお借りして感謝の意を表わさせていただきます。

著 者

も く じ

はじめに

本書の特徴と使い方 ……………………………………… 6

▶▶プレ授業 …………………………………………… 10 🅐 01

タイ語の発音 ………………………………………… 12 🅐 02〜06

タイ語の文字 ………………………………………… 18 🅐 07

I これだけは覚えておきたい 日常会話

บทที่ **1**

第1課　こんにちは （あいさつ①）………………… 26 🅐 08〜12

　　❑文法まめ知識 (1) 人称代名詞／名前の呼び方／親族名称 …… 30 🅐 13

บทที่ **2**

第2課　どちらへ？ （あいさつ②）………………… 32 🅐 14〜19

　　❑文法まめ知識 (2) タイ語の文法概説 …………… 36

บทที่ **3**

第3課　はじめまして （自己紹介）………………… 38 🅐 20〜24

　　❑覚えておきたい重要語句① 　数詞 …………… 42 🅐 25

　　✔チェックタイム①………………………………… 43 🅐 26〜28

บทที่ **4**

第4課　すみません （呼びかけ／お願い）………… 44 🅐 29〜34

　　❑文法まめ知識 (3) 疑問文のまとめ …………… 48

CONTENTS

マークは、それぞれ添付 CD の A 盤、B 盤の区別を示し、それに続く番号は、それぞれの CD に収録されている箇所を示すトラック番号です。

บทที่ **5**

第 5 課　これは何ですか（呼称と指示詞）……………… 50　Ⓐ 35〜40

บทที่ **6**

第 6 課　〜してもいいですか？（許可／義務）……… 54　Ⓐ 41〜45

　▶ 覚えておきたい重要語句②　時刻・時間の表現 … 58　Ⓐ 46

　✔ チェックタイム②……………………………… 59　Ⓐ 47〜49

บทที่ **7**

第 7 課　ありがとう／ごめんなさい（お礼とお詫び）…… 60　Ⓐ 50〜54

　▶ 文法まめ知識（4）類別詞の用法 ……………… 64

บทที่ **8**

第 8 課　〜したことがある／〜したい（経験と希望）…… 66　Ⓐ 55〜59

　▶ 覚えておきたい重要語句③　曜日と年月日・季節の表現 …… 70　Ⓐ 60

บทที่ **9**

第 9 課　もう一度いっていただけますか（確認／聞き返し）…… 72　Ⓐ 61〜65

　▶ 覚えておきたい重要語句④　基本的な動詞 ……… 76　Ⓐ 66

　✔ チェックタイム③……………………………… 77　Ⓐ 67〜69

実力診断テスト 1 ………………………………… 78　Ⓐ 70〜71

บทที่ **10**

第10課　機内で …………………………………… 82　　🅐72〜77

บทที่ **11**

第11課　タクシーに乗る………………………… 86　　🅐78〜82

　　▶コラム①　タイ　タクシー事情 ………… 90

　　▶コラム②　タイ　トイレ事情 …………… 91

บทที่ **12**

第12課　電話をかける ………………………… 92　　🅐83〜87

　　▶コラム③　タイ　電話事情 ……………… 96

　　✔チェックタイム④……………………… 97　　🅐88〜90

บทที่ **13**

第13課　宿泊手続き …………………………… 98　　🅑01〜06

บทที่ **14**

第14課　レストランへ行く ………………… 102　　🅑07〜12

บทที่ **15**

第15課　銀行で両替する ……………………… 106　　🅑13〜18

　　▶コラム④　レストランで………………… 110　　🅑19

　　✔チェックタイム⑤ ……………………… 111　　🅑20〜22

บทที่ **16**

第16課　バスに乗る ………………………… 112　　🅑23〜28

บทที่ **17**

第17課　道を尋ねる ………………………… 116　　🅑29〜34

CONTENTS

บทที่ **18**

第18課　観光する　……………………………………… 120　　B 35〜40

　　■コラム⑤　交通機関の利用法 ……………………… 124

　　✔チェックタイム⑥　………………………………… 125　　B 41〜43

บทที่ **19**

第19課　レンタカーを借りる　………………………… 126　　B 44〜50

บทที่ **20**

第20課　服を買う　……………………………………… 130　　B 51〜56

บทที่ **21**

第21課　サンデーマーケットへ行く　………………… 134　　B 57〜61

　　■覚えておきたい重要語句⑤　知っておくとよい地名　…… 138　　B 62〜63

　　✔チェックタイム⑦　………………………………… 139　　B 64〜66

บทที่ **22**

第22課　体調を崩す　…………………………………… 140　　B 67〜72

บทที่ **23**

第23課　リコンファーム　……………………………… 144　　B 73〜78

บทที่ **24**

第24課　空港での別れ　………………………………… 148　　B 79〜84

　　■コラム⑥　タイのミュージックシーン　………… 152

　　✔チェックタイム⑧　………………………………… 153　　B 85〜87

実力診断テスト２　……………………………………… 154　　B 88〜89

▶プレ授業の全訳………………………………………… 158

本書の特徴と使い方

● 2 部構成で着実な学習

　本書は Part I の「日常会話」と Part II の「旅行会話」の 2 部構成になっています。まず Part I で、日常会話に必要なタイ語の基本的な表現を覚え、Part II で、タイ旅行のさまざまな場面で役に立つ実用的ないい回しや語彙を身につけます。

● 使いやすい 2 ページ見開き構成

　各課の基本会話は、左ページの人物と右ページの人物が会話をかわす形式になっていますので、キャッチボールのようなことばのやりとりを実感できますし、一方のページの人物になってセリフをいう練習もスムーズにできます。

● 初心者のための配慮

　初歩の学習者が発音でつまずかないように、基本会話には発音表記とカタカナ表記を併記してあります。ただし、特にカタカナ表記はあくまでも目安程度に考えて、実際には CD を何度も聴いて正しい音を身につけてください。

● 関連表現・関連語句の充実

　基本会話に加えて、各課のテーマに関連する重要な表現や語句を学び、会話力の向上を図ります。

● 実力を養成する練習と学習成果の反復チェック

　各課には、その課で学んだことを確実に身につけ、実力を養成するための練習が組み込まれています。さらに、3 課ごとのチェックタイムや Part ごとの実力診断テストにより、学習成果を自分で確認することができます。

● リスニングとスピーキングをサポートする CD 2 枚付き

　本書に付属している 2 枚の CD を利用すれば、会話の聞き取りや発音を何度も繰り返して練習できます。

CDの使い方と練習方法

 Part I と Part II の各課はほぼ同じ構成・順序で録音されています。

(1) 「基本会話」がナチュラルスピードで録音されています。日本語の訳や解説や語句の説明を参考にして内容を理解し、場面や登場人物を思い描きながら何度も聴いてください。

(2) 次に、基本会話がすこしゆっくりしたスピードで録音されています。登場人物の1回ごとのセリフのあとに間をとってありますので、セリフを繰り返していっていってください。発音表記やカタカナ表記に頼らなくても正確に発音できるようにがんばりましょう。

(3) そのあとに「関連表現／使える表現」が録音されています。いえるようになるまで何度も聞き返して、確実に自分のものにしましょう。

(4) その次は「基本会話の練習」です。1度目は基本会話の左ページの音声だけが聞こえますから、あなたは右ページの人物になって話してください。2度目は逆に左ページの人物になって話してください。最初のうちは、相手のセリフが終わったら CD をストップして、落ち着いて話すといいでしょう。

(5) 最後は「応用会話の練習」です。まず本を見て、日本語部分に相当するタイ語を考え、声を出していってみてください。そのあとで CD の録音を聞いて確かめ、発音を繰り返しましょう。本を見なくても会話できるようにがんばりましょう。

 以上のような各課の録音に加えて、プレ授業、タイ語の発音、アルファベット、覚えておきたい重要語句、関連単語ブック、コラム内の必要な部分、チェックタイム、Part I と Part II の実力診断テストなどが録音されています。ネイティブの普通の速さの会話についていけるよう、何度も何度も繰り返し聞いて、タイ語の発音に慣れてください。

基本構成と内容

❶ Part I の日常会話編では各課の学習テーマが、Part II の旅行会話編では旅行中の場面がタイトルになっています。

❷ 各課で学習するねらいや要点を簡潔に紹介しています。このポイントを頭に入れてから実際のレッスンに入りましょう。

❸ 各課の学習の中心となる基本会話です。イラストで示された左ページと右ページの人物が会話を交わします。

❹ 基本会話の発音が発音記号とカタカナで表記してあります。

❺ 登場人物が話しているタイ語の日本語訳です。

❻ 特に注意をする言葉や語法に関する解説です。

❼ 新出語句に関する解説です。

❽ 発音のポイントや注意点などに関する解説です。（Part I のみ）。

❾ 各課のテーマに関連した応用表現をまとめてあります。小さな活字の部分は、質問に対する答えの部分です。日本語を見ただけでタイ語が出てくるようにしましょう。

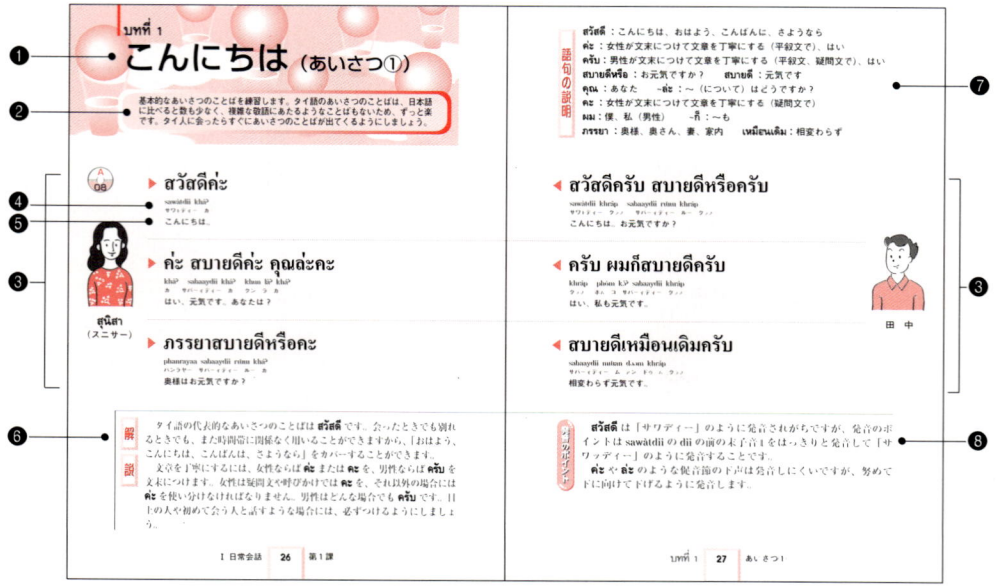

❿その課で出てきた言葉に関する追加説明や、その課の内容に関係あるタイの習慣やタイ事情などに関するアドバイスです。

⓫Part I では、その課の内容に関連した文法上の注意点を、例文を交えてわかりやすく解説しています。Part II では、各旅行場面でよく用いられる単語がまとめられています。

⓬基本会話の登場人物になってタイ語を話す練習をし、基本会話の仕上げをします。

⓭基本会話および頻出会話を使って会話の応用練習をします。タイ語での一問一答方式により、実際に「聞き取り」「話す」トレーニングを行ないます。

⓮応用練習の解答例です。

※ていねいに話す場合、女性と男性とで文末に用いることばが異なるため、本書ではほとんどの会話を女性、あるいは男性が話すものと決めてあります。日本語の最後に（女性）とあれば女性の、（男性）とあれば男性の会話になっています。（女性）の文を男性が、（男性）の文を女性が話したい場合には、文末の **ค่ะ**、**คะ** と **ครับ** を入れ替えて話してください。

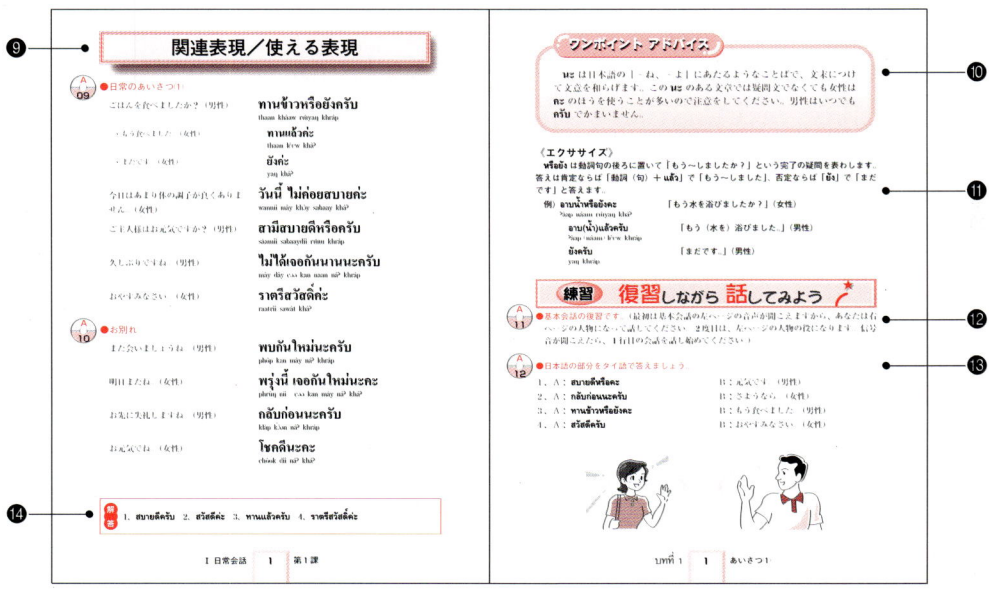

ทวีสิทธิ์ : คุณนัทซุโกะ สวัสดีครับ

นัทซุโกะ : อ้าว คุณทวีสิทธิ์ สวัสดีค่ะ

ทวีสิทธิ์ : ได้ยินว่า คุณนัทซุโกะจะกลับญี่ปุ่น ก็เลยมาส่งครับ

นัทซุโกะ : หรือคะ ขอบคุณมากนะคะ ที่อุตส่าห์มาส่ง

ทวีสิทธิ์ : แล้วเป็นอย่างไรครับ มาเที่ยวเมืองไทย สนุกไหมครับ

นัทซุโกะ : สนุกมากเลยค่ะ

ทวีสิทธิ์ : อาหารไทย ทานได้ไหมครับ

นัทซุโกะ : อร่อยมากค่ะ ดิฉันชอบมาก อาจจะชอบมากกว่าอาหาร
ญี่ปุ่นค่ะ

ทวีสิทธิ์ : ไม่เผ็ดหรือครับ

นัทซุโกะ : เผ็ดมากค่ะ แต่ทานได้ค่ะ

ทวีสิทธิ์ : แล้วไปเที่ยวที่ไหนสนุกที่สุดครับ

นัทซุโกะ : คิดว่า ภูเก็ตนะคะ ดิฉันชอบมากค่ะ

ทวีสิทธิ์ : ทำไมล่ะครับ

นัทซุโกะ : เพราะว่า สวยมาก แล้วก็เช่ารถและขับรถเองสนุกมากค่ะ

ทวีสิทธิ์ : แล้ว ซื้อของฝากให้กับเพื่อนแล้วหรือยังครับ

นัทซุโกะ : ค่ะ ซื้อแล้วค่ะ

ทวีสิทธิ์ : ซื้ออะไรที่ไหนครับ

นัทซุโกะ : ซื้อผ้าขาวม้าที่ตลาดสวนจตุจักรค่ะ

ทวีสิทธิ์ : ไปสวนจตุจักรมาแล้วหรือครับ ไกลใช่ไหมครับ

นัทซุโกะ : ไม่นะคะ นั่งรถไฟฟ้า BTS ไป สะดวกมากค่ะ

ทวีสิทธิ์ : อ๋อ นั่งรถไฟฟ้า BTS ด้วย ผมยังไม่เคยนั่งเลยครับ

นัทซุโกะ : ดีมากนะคะ อาจจะดีกว่ารถไฟฟ้าที่ญี่ปุ่น

ทวีสิทธิ์ : แล้วตลอดระยะเวลาที่อยู่ที่นี่ สบายดีใช่ไหมครับ

นัทซุโกะ : เป็นหวัดนิดหน่อยนะค่ะ แต่หายดีแล้วค่ะ

ทวีสิทธิ์ : ไปหาหมอมาหรือครับ

นัทซุโกะ : ไม่ค่ะ ซื้อยามาทานเองค่ะ

ทวีสิทธิ์ : ตอนนี้ ที่ญี่ปุ่นอากาศเป็นอย่างไรครับ ร้อนไหมครับ

นัทซุโกะ : ไม่ร้อนค่ะ เย็นค่ะ

ทวีสิทธิ์ : คงอยากกลับบ้านเร็วๆ นะครับ

นัทซุโกะ : จริงๆ แล้ว ไม่ค่อยอยากกลับบ้านเท่าไรค่ะ

ทวีสิทธิ์ : หรือครับ แปลกนะครับ

นัทซุโกะ : เพราะว่า ชอบเมืองไทยมากค่ะ

ทวีสิทธิ์ : ได้ยินอย่างนี้แล้ว ผมก็ดีใจนะครับ

นัทซุโกะ : ตี ๕ แล้ว รีบเข้าไปข้างในดีกว่านะคะ

ทวีสิทธิ์ : ครับ อย่าลืมเขียนจดหมายมานะครับ

นัทซุโกะ : ค่ะ ไม่ลืมค่ะ

ทวีสิทธิ์ : ขอให้เดินทางโดยสวัสดิภาพนะครับ

นัทซุโกะ : ขอบคุณค่ะ

ทวีสิทธิ์ : สวัสดีครับ

นัทซุโกะ : สวัสดีค่ะ

タイ語の発音

1. 母音の発音

　タイ語の母音は種類としては9種類あります。そのそれぞれに長・短がありますが、長母音は短母音をただ長く発音するだけですから、9種類の区別ができればよいことになります。9種類のうち日本語と同じと考えてよい母音は2種類しかありません。あとの7種類はすべて日本語の母音とは異なりますので注意が必要です。

　発音記号の上では、長母音は同じ母音記号を2つ書いて表わします。

a　　日本語の「ア」と同じです。
　　　　例）khan　　**คัน**　　「かゆい」　　　　　naa　　**นา**　　「田」

i　　日本語の「イ」と同じです。
　　　　例）bin　　**บิน**　　「飛ぶ」　　　　　ciin　　**จีน**　　「中国」

ɯ　　「イ」を発音するときのように口を横に引っ張りながら「ウ」を発音します。
　　　　例）nɯŋ　　**หนึ่ง**　　「1」　　　　　yɯɯn　　**ยืน**　　「立つ」

u　　唇を丸めて突き出して「ウ」を発音します。
　　　　例）luŋ　　**ลุง**　　「おじさん」　　　　puu　　**ปู**　　「カニ」

e　　「イ」を発音するときの口で「エ」を発音します。日本語の「エ」よりも口の開きは狭く、舌の先のほうがちょっと高くなります。
　　　　例）kèŋ　　**เก่ง**　　「上手な」　　　　thêe　　**เท่**　　「格好いい」

ɛ　　日本語の「エ」を発音するときよりも、口の開きを広くし、舌の先のほうを少し低い位置に下げて「エ」を発音します。
　　　　例）bɛ̀ŋ　　**แบ่ง**　　「分ける」　　　　wɛ̌ɛn　　**แหวน**　　「指輪」

o　　唇を丸めて突き出して「オ」を発音します。u の場合と比べると舌の根元のほうが少し下がっています。
　　　　例）fǒn　　**ฝน**　　「雨」　　　　mooŋ　　**โมง**　　「～時」

ɔ　　「ア」を発音するときの口で「オ」を発音します。口は大きく開き、舌は全体的に下のほうに下がっています。
　　　　例）hɔ̂ŋ　　**ห้อง**　　「部屋」　　　　mɔɔŋ　　**มอง**　　「眺める」

ə　　口を楽な状態でちょっと開き、「ウ」を発音します。
　　　　例）ŋən　　**เงิน**　　「お金」　　　　dəən　　**เดิน**　　「歩く」

　このほかに、2重母音が3つあります。発音は上で練習した音の組み合わせで

すから、特に新しいことはありません。

ia　最初の「イ」をちょっと長めに、後ろの「ア」は軽く添える感じで「イ
　　ーァ」と発音します。

例）　bia　**เบียร์**　「ビール」　　　tîa　**เตี้ย**　「背が低い」

ɯa　最初の「ウ」をちょっと長めに、後ろの「ア」は軽く添える感じで「ウ
　　ーァ」と発音します。

例）　rɯa　**เรือ**　「船」　　　bùa　**เบื่อ**　「飽きる」

ua　最初の「ウ」をちょっと長めに、後ろの「ア」は軽く添える感じで「ウ
　　ーァ」と発音します。

例）　bua　**บัว**　「蓮」　　　ʔûan　**อ้วน**　「太った」

2．頭子音の発音

　頭子音とは、音節の頭に置かれる子音のことです。頭子音としての音は21あ
ります。

k　日本語の「カ」行の子音を息をもらさないように発音します。

例）　kaa　**กา**　「カラス」　　　kûŋ　**กุ้ง**　「エビ」

kh　日本語の「カ」行の子音を息をもらしながら発音します。

例）　khày　**ไข่**　「卵」　　　khâaw　**ข้าว**　「ごはん」

ŋ　日本語の「ガ」行の子音を鼻にかけながら発音します。

例）　ŋán　**งั้น**　「それでは」　　　ŋuu　**งู**　「ヘビ」

c　日本語の「チャ」行の子音を息をもらさないように発音します。

例）　caan　**จาน**　「皿」　　　cɛ̀ɛk　**แจก**　「配る」

ch　日本語の「チャ」行の子音と「シャ」行の子音の間のような音を発音し
　　ます。

例）　chaa　**ชา**　「お茶」　　　chɯ̂ɯ　**ชื่อ**　「名前」

d　日本語の「ダ」行の子音を発音します。ただしi、u、ɯなどと組み合
　　わさった場合には「ディ」、「ドゥ」などのように発音します。

例）　dèk　**เด็ก**　「子供」　　　dii　**ดี**　「良い」

t　日本語の「タ」行の子音を息をもらさないように発音します。ただしi、
　　u、ɯなどと組み合わさった場合には「ティ」、「トゥ」などのように発
　　音します。

例）	tòk	ตก	「落ちる」	tii	ตี	「たたく」

th 日本語の「タ」行の子音を息をもらしながら発音します。ただし i、u、ɯ などと組み合わさった場合には「ティ」、「トゥ」などのように発音します。

例） thíŋ ทิ้ง 「捨てる」　　thaa ทา 「塗る」

n 日本語の「ナ」行の子音を発音します。

例） nîi นี่ 「これ」　　nɔɔŋ น้อง 「妹・弟」

b 日本語の「バ」行の子音を発音します。

例） bon บน 「上」　　bâan บ้าน 「家」

p 日本語の「パ」行の子音を息をもらさないように発音します。

例） pen เป็น 「～である」　　pâa ป้า 「おばさん」

ph 日本語の「パ」行の子音を息をもらしながら発音します。

例） phɯ̂ŋ ผึ้ง 「蜜蜂」　　phâa ผ้า 「布」

f 上の歯で下の唇を軽く噛みながら「ファ・フィ・フ…」というように発音します。

例） fùn ฝุ่น 「ほこり」　　fǎa ฝา 「ふた」

m 日本語の「マ」行の子音を発音します。

例） man มัน 「それ」　　mii มี 「ある・いる」

y 日本語の「ヤ」行の子音を発音します。ただし、i、e、ɯ などの口の中が狭くなる母音と組み合わさった場合は、舌の腹の辺りが上の固いところとちょっとすれるようになり、ちょっと濁り目の音になります。

例） yen เย็น 「涼しい」　　yaa ยา 「薬」

r 舌をふるわせながら「ラ」行の子音を発音します。ただし、舌をふるわせることができなくても、普通の日本語の「ラ」行を発音しても通じます。

例） rák รัก 「愛する」　　rian เรียน 「勉強する」

l 日本語の「ラ」行の子音を発音します。

例） liŋ ลิง 「猿」　　lôok โลก 「世界」

w 日本語の「ワ」行の子音を発音します。

例） wîŋ วิ่ง 「走る」　　wâaŋ ว่าง 「暇な」

s 日本語の「サ」行の子音を発音します。ただし、i と組み合わさった場合は「スィ」のように発音します。

例） sàŋ สั่ง 「注文する」　　sǐi สี 「色」

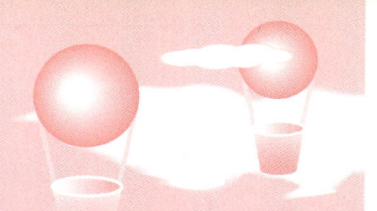

h　のどの奥のほうから「ハ」行の子音を発音します。

　　例）hêŋ　　แห้ง　「乾いた」　　　hǔu　　หู　「耳」

ʔ　のどを締めます。日本人には、母音で始まっている、と感じられる場合、タイ語では必ずそれらの母音の前にこの音がついています。が、これは発音しなくても聞き取ってもらえますから、あまり気にする必要はありません。

　　例）ʔim　　อิ่ม　「満腹の」　　　ʔaay　　อาย　「恥ずかしい」

３．声調

　タイ語には５つの声調があります。これは日本語のアクセントと似ていて、音の高低で意味を区別するというものですが、日本語のアクセントと異なるのは、日本語のアクセントは音節間の音の高低であるのに対して、タイ語では音節内の音の高低であるという点です。

　たとえば、「かき」ということばであれば、「か」という音節と「き」という音節との間でアクセントが生じます。「か」が高く「き」が低ければ「牡蠣」に、「か」が低く「き」が高ければ「柿」になります。

　これに対して、タイ語の声調では、たとえば「か」という音節に音の高低が５種類あるということになるわけです。

　５つの声調を図示してみると、次のようになります。

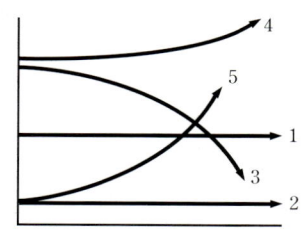

　それぞれの声調を以下のように呼びます。また、発音記号で表記する場合の記号も覚えてください。

　１．平声　ʔaa　　普通の高さで平らに発音します。

　　　例）maa　　มา　「来る」　　　thay　　ไทย　「タイ」

　２．低声　ʔàa　　平声よりも低いところで平らに発音します。

　　　例）kày　　ไก่　「鶏」　　　pàa　　ป่า　「森」

　３．下声　ʔâa　　高いところから下がります。

例）yâaŋ　　**ย่าง**　「あぶる」　　nâŋ　**นั่ง**　「すわる」

4．高声　ˀáa　　高いところからちょっと上がります。

例）cháy　**ใช้**　「使う」　　súɯ　**ซื้อ**　「買う」

5．上声　ˀǎa　　低声の高さから上がります。

例）mǎa　**หมา**　「犬」　　yǐŋ　**หญิง**　「女性」

　慣れるまではちょっと発音しにくいかもしれませんが、この声調をマスターできるかどうかで、タイ語らしい発音ができるかどうか、また美しいタイ語を話すことができるようになるかどうかが決まりますから、しっかり練習してみてください。

4．末子音

　末子音とは音節の最後に置かれる子音のことです。タイ語では、この末子音が9つあります。

　発音自体は難しくありませんが、聞き取りはちょっと難しいかもしれません。でも、これも慣れの問題ですから、あきらめずに何度も何度も聴くことが大切です。

-m　両唇を閉じて、息を鼻からもらします。「しんばし」というときの「ん」の音です。

例）sǎam　**สาม**　「3」　　dam　**ดำ**　「黒」

-n　舌先を歯茎の裏に止めて、息を鼻からもらします。「はんたい」というときの「ん」の音です。

例）sǔun　**ศูนย์**　「ゼロ」　　than　**ทัน**　「間に合う」

-ŋ　舌の根元を口の中の上の奥のほうの柔らかいところに止め、息を鼻からもらします。「おんがく」というときの「ん」の音です。

例）thaaŋ　**ทาง**　「道」　　yaŋ　**ยัง**　「まだ」

-w　「オ」または「ウ」を軽く短く発音します。

例）tháaw　**เท้า**　「足」　　hǐw　**หิว**　「空腹の」

-y　「イ」を軽く短く発音します。

例）wâay　**ไหว้**　「合掌」　　ruay　**รวย**　「金持ちの」

-p　両唇を閉じて、息を止めます。「さっぱり」を「さっ」のところで止めたときの音です。

例）rûup　**รูป**　「写真」　　yáp　**ยับ**　「しわくちゃの」

-t	舌先を歯茎の裏に止めて、息を止めます。「なっとう」を「なっ」のところで止めたときの音です。
	例）wát　　**วัด**　　「お寺」　　　　cɔ̀ɔt　　**จอด**　　「駐車する」
-k	下の根元を口の中の上の奥のほうの柔らかいところに止め、息を止めます。「はっきり」を「はっ」のところで止めたときの音です。
	例）pàak　　**ปาก**　　「口」　　　　lúk　　**ลุก**　　「起きあがる」
-ʔ	のどを閉じます。「えっ！」というときの「っ」の音です。
	例）yɔ́ʔ　　**เยอะ**　　「いっぱい」　　kɔ̀ʔ　　**เกาะ**　　「島」

5．2重子音

　2重子音は、既に出てきている子音の組み合わせですから、新しい音はありません。ただし、後ろにすぐに子音が来ているため、1番目の子音は発音しにくいかもしれません。また、2番目の子音がr、lの場合には、このr、lがほとんど聞こえないこともあります。

kr	例）kruŋ	**กรุง**	「都」	kreeŋ	**เกรง**	「畏れる」
kl	例）klɔ̀ŋ	**กล่อง**	「箱」	klây	**ใกล้**	「近い」
kw	例）kwâaŋ	**กว้าง**	「広い」	kwàat	**กวาด**	「掃く」
khr	例）khrûaŋ	**เครื่อง**	「機械」	khráŋ	**ครั้ง**	「回、度」
khl	例）khlɔɔŋ	**คลอง**	「運河」	khláay	**คล้าย**	「似ている」
khw	例）khwaay	**ควาย**	「水牛」	khwǎa	**ขวา**	「右」
tr	例）trùat	**ตรวจ**	「調べる」	troŋ	**ตรง**	「まっすぐ」
pr	例）prɛɛŋ	**แปรง**	「ブラシ」	prîaw	**เปรี้ยว**	「酸っぱい」
pl	例）plɛɛ	**แปล**	「訳す」	plaa	**ปลา**	「魚」
phr	例）phrík	**พริก**	「唐辛子」	phrɔ́ʔ	**เพราะ**	「なぜならば～」
phl	例）phleeŋ	**เพลง**	「歌」	phlɔɔy	**พลอย**	「宝石」

タイ語の文字

　タイ文字は、基本的には子音字と母音字とを組み合わせて音節を作っていきます。ということは、原理はローマ字にとてもよく似ています。ただ異なる点は、ローマ字では母音字は必ず子音字の右側に書かれますが、タイ文字の母音字は子音字の右側ばかりでなく、上・下・左側などいろいろな位置に書かれることです。

1．子音字

　タイ文字の子音字は全部で 44 字ありますが、現在はこのうち 2 字が廃字になっているので、実際に使われるのは 42 字です。
　この 42 字の子音字について覚えることは 5 つあります。
　　　　1）子音字の形、書き方
　　　　2）頭子音字としての音
　　　　3）末子音字としての音
　　　　4）子音字のグループ
　　　　5）アルファベットの順番および文字の名前
　1）については、これがわからなければ始まりません。
　5）については、この文字に関する部分の最後のところで挙げることにします。

　42 字の子音字が、声調に関して 3 つのグループに分かれます。これが上記 4）です。通常、中子音、高子音、低子音と呼びますが、この名前にはあまり意味がありません。子音字を見たときにこの 3 つのうちどのグループに属するか、ということがわからないと、声調を正確に読み書きすることはできませんから、すべての子音字についてそのグループ分けをしっかり覚えておく必要があります。
　ここではそのグループ分けに従って、42 字の子音字を挙げることにします。子音字の下に書いてある発音記号は、「/」の左側の表わす音が上記 2）の頭子音字としての音、「/」の右側の表わす音が上記 3）の末子音としての音です。いっしょに覚えてください。末子音としての音が「-」になっている文字については、末子音字としては用いられない、ということです。

（1）中子音字（9）

ก	จ	ฎ	ฏ	ด	ต	บ	ป	อ
k/k	c/t	d/t	t/t	d/t	t/t	b/p	p/p	ʔ/-

（2）高子音字（10）

ข	ฉ	ฐ	ถ	ผ	ฝ	ศ	ษ	ส	ห
kh/k	ch/t	th/t	th/t	ph/p	f/p	s/t	s/t	s/t	h/-

（3）低子音字（23）

対応字： **ค** **ฅ** **ช** **ซ** **ฌ** **ฑ** **ฒ** **ท** **ธ** **พ**

kh/k　kh/k　ch/t　s/t　ch/t　th/t　th/t　th/t　th/t　ph/p

ฟ **ภ** **ฮ**

f/p　ph/p　h/-

単独字： **ง** **ญ** **ณ** **น** **ม** **ย** **ร** **ล** **ว** **ฬ**

ŋ/ŋ　y/n　n/n　n/n　m/m　y/y　r/n　l/n　w/w　l/n

　頭子音についていうと、中子音字が表わす音を表わす文字は、他のグループにはありません。中子音字だけ独特の音を表わすことになっているわけです。

　それに対して、高子音字と低子音字とは音がダブっています。同じ音を表わす文字が高子音字にもある低子音字のことを「低子音対応字」、同じ音を表わす文字が高子音字にはない低子音字のことを「低子音単独字」と呼びます。

２．母音字

　まず長母音は次の通りです。「-」の場所に子音字が入ります。「/」で区切って2つの形が挙げられているものについては、母音で終わる場合と、末子音がついた場合とで母音字の形が異なる、ということです。

-aa(-)	−า(-)	例)	มา maa「来る」	มาก mâak「多い」
-ii(-)	−ี(-)	例)	ปี pii「年」	ปีก pìik「翼」
-ɯɯ/-ɯɯ-	−ือ/−ื−	例)	มือ mɯɯ「手」	มืด mûɯt「暗い」
-uu(-)	−ู(-)	例)	ดู duu「見る」	ดูด dùut「吸い込む」
-ee(-)	เ−(-)	例)	เท thee「注ぎ出す」	เมฆ mêek「雲」
-ɛɛ(-)	แ−(-)	例)	แค่ khɛ̂ɛ「わずか」	แตก tɛ̀ɛk「割れる」
-oo(-)	โ−(-)	例)	โบ boo「リボン」	โรง rooŋ「建物」
-ɔɔ(-)	−อ(-)	例)	รอ rɔɔ「待つ」	ช้อน chɔ́ɔn「スプーン」
-əə/-əə-	เ−อ/เ−ิ−	例)	เจอ cəə「会う」	เดิน dəən「歩く」

2重母音

-ia(-)	เ−ีย(-)	例)	เสีย sǐa「失う」	เสียง sǐaŋ「声、音」
-ɯa(-)	เ−ือ(-)	例)	เชื่อ chɯ̂a「信じる」	เชือก chɯ̂ak「ひも」
-ua/-ua-	−ัว/−ว−	例)	วัว wua「牛」	ชวน chuan「誘う」

　次に短母音字ですが、短母音字は「ʔ」で終わる場合と、それ以外の子音で終わる場合とで形が異なるものがあるので、ここではその2つの場合に分けて両方

の場合を挙げておきます。

ʔ で終わる場合

-aʔ	–ะ	例)	จะ càʔ	「(未来を表わす)」
-iʔ	◌̒	例)	ติ tìʔ	「非難する」
-ɯʔ	◌̒	例)	อึ ʔɯ̀ʔ	「大便をする」
-uʔ	–ุ	例)	ดุ dùʔ	「叱る」
-eʔ	เ–ะ	例)	เตะ tèʔ	「蹴る」
-ɛʔ	แ–ะ	例)	และ lɛ́ʔ	「そして」
-oʔ	โ–ะ	例)	โต๊ะ tóʔ	「机」
-ɔʔ	เ–าะ	例)	เจาะ cɔ̀ʔ	「孔をあける」
-əʔ	เ–อะ	例)	เถอะ thə̀ʔ	「～しなさい」

それ以外の末子音で終わる場合

-a-	◌ั–	例)	ฝัน fǎn	「夢」	
-i-	◌ิ–	例)	ขิง khǐŋ	「ショウガ」	
-ɯ-	◌ึ–	例)	ถึง thɯ̌ŋ	「着く」	
-u-	–ุ	例)	ถุง thǔŋ	「袋」	
-e-	เ◌็–	例)	เซ็น sen	「署名する」	เล่น lên	「遊ぶ」
-ɛ-	แ◌็–	例)	แข็ง khɛ̌ŋ	「固い」	แข่ง khɛ̀ŋ	「競う」
-o-	––	例)	ทน thon	「耐える」	
-ɔ-	◌็อ–	例)	ต้อง tɔ̂ŋ	「～しなければならない」	
-ə-	เ◌ิ–	例)	เพิ่ง phə̂ŋ	「～したばかり」	

＊-e、-ɛ の場合に頭子音の上につけられる「◌็」の記号は短母音化記号と考えてよいが、上に声調記号などがつく場合には書くことができないため、その場合には長母音と同じ形になり、従って単語ごとに母音の長短を覚えなければならない。

＊-ɔ の場合も同様だが、外来語を除いて ◌็อ という短母音を含み声調記号がつかない単語はないため、実際には ◌็อ– という綴りはほとんどない。

＊-ə の場合は、声調記号の有無にかかわらず既に上に記号が書かれているため、常に長母音と同じ形であるので、すべての単語について母音の長短を覚える必要がある。

3．音節の種類

タイ語の音節の種類は2つに分かれます。次の通りです。
　　　1）平音節　　　m、n、ŋ、w、y および長母音で終わる音節
　　　2）促音節　　　p、t、k、ʔ で終わる音節

　このどちらの音節であるかによって、声調の書き方・読み方が違ってくるので、しっかりと理解して覚えておく必要があります。

4．声調の規則

　タイ文字は、すべての音節の上にその音節の声調に関する情報が書かれています。その規則は残念ながらちょっと複雑ではありますが、日本語のアクセントは文字の上には書かれていないことを考えれば、タイ文字のほうがずっと有利である、と考えることができるはずです。

　声調を正しく読む手順は以下の通りです。

　　　　１．頭子音の種類を調べる。
　　　　２．声調記号の有無を見る。
　　　　３．声調記号がなければ、さらに音節の種類を調べる。
　　　　４．声調記号がついていれば、その声調記号に従って読む。
　　　　５．低子音促音節の場合には、さらに母音の長短を調べる。

声調記号は４つありますが、普通用いられるのは第１と第２です。

　　　　第１声調記号　　ˋ　　　　第２声調記号　　ˊ
　　　　第３声調記号　　˜　　　　第４声調記号　　＋

声調と文字との関係は１つの表にまとめることができます。以下の通りです。

	記号なし		ˋ	ˊ	˜	＋
	平音節	促音節				
中子音	平声	低声	低声	下声	高声	上声
高子音	上声	低声	低声	下声	—	—
低子音	平声	下声	高声	下声	高声	—	—
		長	短				

例）　中子音・記号なし・平音節　　ดี dii「良い」
　　　中子音・記号なし・促音節　　แดด dɛ̀ɛt「陽射し」
　　　中子音・第１声調記号　　　　บ่าย bàay「午後」
　　　中子音・第２声調記号　　　　บ้าน bâan「家」
　　　中子音・第３声調記号　　　　เจ๊ง céŋ「破産する」
　　　中子音・第４声調記号　　　　ตั๋ว tǔa「チケット」
　　　高子音・記号なし・平音節　　หา hǎa「探す」
　　　高子音・記号なし・促音節　　ฝาก fàak「預ける」

高子音・第1声調記号	ถ่าน thàan「電池」
高子音・第2声調記号	ถ้า thâa「もし～ならば」
低子音・記号なし・平音節	ฟัน fan「歯」
低子音・記号なし・促音節・長母音	ยาก yâak「難しい」
低子音・記号なし・促音節・短母音	พัก phák「泊まる」
低子音・第1声調記号	พี่ phîi「姉・兄」
低子音・第2声調記号	ม้า máa「馬」

5．その他の母音字

母音と末子音を含んだ特殊な母音字がいくつかあります。次の通りです。

ไ–	-ay	例）	ใน nay「中」
ใ–	-ay	例）	ไป pay「行く」
เ–า	-aw	例）	เรา raw「私たち」
–ำ	-am	例）	ทำ tham「する」
เ–ย	-əəy	例）	เคย khəəy「～したことがある」

6．2重子音

2重子音であり得る文字の組み合わせは、次の通りです。

	ก	ข	ค	ต	ป	ผ	พ
ร	กร	ขร	คร	ตร	ปร		พร
ล	กล	ขล	คล		ปล	ผล	พล
ว	กว	ขว	คว				

＊声調記号は2番目の子音字の右上に書く。　例）ปล่อย plɔ̀y「放す」

＊異なるグループの文字が組み合わさっている場合、声調は前の子音字で決める。

7．低子音の高子音化

　低子音単独字は、同じ音を表わす音が高子音にない字でしたが、ห の文字を記号として用いて低子音単独字のいくつかを高子音にすることができます。次の通りです。

หง	หญ	หน	หม	หย	หร	หล	หว
ŋ	y	n	m	y	r	l	w

例）**เหงื่อ** ŋùa「汗」　**หมู** mǔu「豚」

8．その他の規則

　その他、細かな規則がいくつかありますが、ここでは詳しくは触れません。実際には具体的な単語を覚えていく必要があるわけですから、細かな規則の理解よりも、個々の単語の綴りと発音を覚えることに力を注いでください。

①黙音記号：<u>◌̍</u>の記号がついている文字は読みません。

　　　例）**เบียร์** bia「ビール」

②**ฤ**：**ฤ** の文字は ri または ruと読みます。

　　　例）**อังกฤษ** ʔaŋkrìt「イギリス」　**วันพฤหัส** wan phrɯ́hàt「木曜日」

③固有母音：母音記号なしで子音字が1字余っている場合には、通常 a を入れて読みます。　例）**สบาย** sabaay「快適な」

④疑似2重子音：③で、2つ続いた子音のうち最初の子音が高子音か中子音で、2番目の子音が低子音単独字の場合には、2番目の子音で始まる音節の声調が最初の高子音か中子音で決まることがあります。

　　　例）**สวัสดี** sawàtdii「こんにちは」

⑤1字再読：1つの子音字を末子音として読んだ後、もう一度頭子音として読むことがあります。　例）**วิทยุ** wítthayúʔ「ラジオ」

⑥慣用発音：母音の長短や声調は、慣用的に綴りと異なるように読まれることもあります。

　　　例）**น้ำ** náam「水」　　**แถว** thěw「辺り」　　**เขา** kháw「彼・彼女」

⑦繰り返し記号：**ๆ** の記号が書かれている場合は、その前の単語を2回読みます。例）**เร็วๆ** rew rew「早く」

⑧省略記号：**ฯ** の記号は、何かが省略されていることを表わします。

　　　例）**กรุงเทพฯ** kruŋthêep ＝
　　　กรุงเทพมหานคร kruŋthêepmahǎanákhɔɔn「バンコク」

9．タイ数字

　タイ数字は次の通りです。用い方は、アラビア数字とまったく同じです。

0	1	2	3	4	5	6	7	8	9
๐	๑	๒	๓	๔	๕	๖	๗	๘	๙

　　　例）**๔๒**「42」　　　**๒,๗๕๔**「2,754」

10. タイ文字のアルファベット

タイ文字のアルファベットは次の通りです。辞書はこの順に並んでいますから、辞書を引こうと思えば、この順を覚えておく必要があります。

また、それぞれの文字には固有の名前がついていて、これを覚えておけば口頭で綴りをいうことができたり、いろいろと便利です。アルファベットの子音字をいう場合には、子音の音に ɔɔ をつけていいますから、ก ならば kɔɔ と読むことになります。ก ไก่ は kɔɔ kày と読み、「にわとりの k 」という意味になります。なお、「*」がついた 2 字は廃字になっているものです。

ก	ไก่ kày「にわとり」	
ข	ไข่ khày「たまご」	
*ฃ	ขวด khùat「びん」	
ค	ควาย khwaay「水牛」	
*ฅ	คน khon「人」	
ฆ	ระฆัง rákhaŋ「鐘」	
ง	งู ŋuu「蛇」	
จ	จาน caan「皿」	
ฉ	ฉิ่ง chìŋ「タイ式小シンバル」	
ช	ช้าง cháaŋ「象」	
ซ	โซ่ sôo「鎖」	
ฌ	กะเฌอ kachəə「樹木」	
ญ	หญิง yĭŋ「女性」	
ฎ	ชฎา chádaa「冠」	
ฏ	ปฏัก patàk「槍」	
ฐ	ฐาน thăan「台座」	
ฑ	มณโฑ monthoo「モントー女」	
ฒ	ผู้เฒ่า phûu thâw「老人」	
ณ	เณร neen「未成年修行僧」	
ด	เด็ก dèk「子供」	
ต	เต่า tàw「亀」	
ถ	ถุง thŭŋ「袋」	

ท	ทหาร tháhăan「兵士」
ธ	ธง thoŋ「旗」
น	หนู nŭu「ネズミ」
บ	ใบไม้ bay máay「葉」
ป	ปลา plaa「魚」
ผ	ผึ้ง phûŋ「蜜蜂」
ฝ	ฝา făa「蓋」
พ	พาน phaan「盤」
ฟ	ฟัน fan「歯」
ภ	สำเภา sămphaw「ジャンク船」
ม	ม้า máa「馬」
ย	ยักษ์ yák「鬼」
ร	เรือ rwa「船」
ล	ลิง liŋ「猿」
ว	แหวน wɛɛn「指輪」
ศ	ศาลา săalaa「あずまや」
ษ	ฤาษี rwwsĭi「仙人」
ส	เสือ sŭa「虎」
ห	หีบ hìip「箱」
ฬ	จุฬา culaa「凧」
อ	อ่าง ʔàaŋ「たらい」
ฮ	นกฮูก nók hûuk「ふくろう」

บทที่ **1**　あいさつ①

บทที่ **2**　あいさつ②

บทที่ **3**　自己紹介

บทที่ **4**　呼びかけ／お願い

บทที่ **5**　呼称と指示詞

บทที่ **6**　許可／義務

บทที่ **7**　お礼とお詫び

บทที่ **8**　経験と希望

บทที่ **9**　確認／聞き返し

สวัสดีค่ะ

สวัสดีครับ
สบายดีหรือครับ

こんにちは （あいさつ①）

基本的なあいさつのことばを練習します。タイ語のあいさつのことばは、日本語に比べると数も少なく、複雑な敬語にあたるようなことばもないため、ずっと楽です。タイ人に会ったらすぐにあいさつのことばが出てくるようにしましょう。

▶ **สวัสดีค่ะ**

sawàtdii khâʔ

サワトディー　カ

こんにちは。

สุนิสา
（スニサー）

▶ **ค่ะ สบายดีค่ะ คุณล่ะคะ**

khâʔ sabaaydii khâʔ khun lâʔ kháʔ

カ　サバーィディー　カ　クン ラ カ

はい、元気です。あなたは？

▶ **ภรรยาสบายดีหรือคะ**

phanrayaa sabaaydii rŭɯɯ kháʔ

パンラヤー　サバーィディー　ルー　カ

奥様はお元気ですか？

　　タイ語の代表的なあいさつのことばは **สวัสดี** です。会ったときでも別れるときでも、また時間帯に関係なく用いることができますから、「おはよう、こんにちは、こんばんは、さようなら」をカバーすることができます。
　　文章を丁寧にするには、女性ならば **ค่ะ** または **คะ** を、男性ならば **ครับ** を文末につけます。女性は疑問文や呼びかけでは **คะ** を、それ以外の場合には **ค่ะ** を使い分けなければなりません。男性はどんな場合でも **ครับ** です。目上の人や初めて会う人と話すような場合には、必ずつけるようにしましょう。

สวัสดี：こんにちは、おはよう、こんばんは、さようなら

ค่ะ：女性が文末につけて文章を丁寧にする（平叙文で）、はい

ครับ：男性が文末につけて文章を丁寧にする（平叙文、疑問文で）、はい

สบายดีหรือ：お元気ですか？　　สบายดี：元気です

คุณ：あなた　　~ล่ะ：～（について）はどうですか？

คะ：女性が文末につけて文章を丁寧にする（疑問文で）

ผม：僕、私（男性）　　~ก็：～も

ภรรยา：奥様、奥さん、妻、家内　　เหมือนเดิม：相変わらず

◀ # สวัสดีครับ สบายดีหรือครับ

sawàtdii khráp   sabaaydii rŭuu khráp
サワトディー　クラプ　　サバーィディー　ルー　クラプ

こんにちは。お元気ですか？

◀ # ครับ ผมก็สบายดีครับ

khráp   phǒm kɔ̂ʔ sabaaydii khráp
クラプ　ボム　コ　サバーィディー　クラプ

はい、私も元気です。

田　中

◀ # สบายดีเหมือนเดิมครับ

sabaaydii mŭan dəəm khráp
サバーィディー　ムーァン　ドゥーム　クラプ

相変わらず元気です。

　สวัสดี は「サワディー」のように発音されがちですが、発音のポイントは sawàtdii の dii の前の末子音 t をはっきりと発音して「サワッディー」のように発音することです。

　ค่ะ や ล่ะ のような促音節の下声は発音しにくいですが、努めて下に向けて下げるように発音します。

関連表現／使える表現

● 日常のあいさつ①

| ごはんを食べましたか？（男性） | ทานข้าวหรือยังครับ |
| | thaan khâaw rɯ́ɯyaŋ khráp |

・もう食べました。（女性）
ทานแล้วค่ะ
thaan lɛ́ɛw khâʔ

・まだです。（女性）
ยังค่ะ
yaŋ khâʔ

今日はあまり体の調子が良くありません。（女性）
วันนี้ ไม่ค่อยสบายค่ะ
wannii mây khɔ̂y sabaay khâʔ

ご主人様はお元気ですか？（男性）
สามีสบายดีหรือครับ
săamii sabaaydii rɯ̌ɯ khráp

久しぶりですね。（男性）
ไม่ได้เจอกันนานนะครับ
mây dây cəə kan naan náʔ khráp

おやすみなさい。（女性）
ราตรีสวัสดิ์ค่ะ
raatrii sawàt khâʔ

● お別れ

また会いましょうね。（男性）
พบกันใหม่นะครับ
phóp kan mày náʔ khráp

明日またね。（女性）
พรุ่งนี้ เจอกันใหม่นะคะ
phrûŋ níi   cəə kan mày náʔ khá

お先に失礼しますね。（男性）
กลับก่อนนะครับ
klàp kɔ̀ɔn náʔ khráp

お元気でね。（女性）
โชคดีนะคะ
chôok dii náʔ khá

解答　1. สบายดีครับ　2. สวัสดีค่ะ　3. ทานแล้วครับ　4. ราตรีสวัสดิ์ค่ะ

ワンポイント アドバイス

นะ は日本語の「〜ね、〜よ」にあたるようなことばで、文末につけて文意を和らげます。この นะ のある文章では疑問文でなくても女性は คะ のほうを使うことが多いので注意をしてください。男性はいつでも ครับ でかまいません。

《エクササイズ》

หรือยัง は動詞句の後ろに置いて「もう〜しましたか？」という完了の疑問を表わします。答えは肯定ならば「動詞（句）＋ แล้ว」で「もう〜しました」、否定ならば「ยัง」で「まだです」と答えます。

例) **อาบน้ำหรือยังคะ**　　　　　　　　「もう水を浴びましたか？」（女性）
　　ʔàap náam rúɯyaŋ khá?

　　อาบ(น้ำ)แล้วครับ　　　　　　　「もう（水を）浴びました。」（男性）
　　ʔàap (náam) lɛ́ɛw khráp

　　ยังครับ　　　　　　　　　　　　「まだです。」（男性）
　　yaŋ khráp

練習　復習しながら 話してみよう

●基本会話の復習です。（最初は基本会話の左ページの音声が聞こえますから、あなたは右ページの人物になって話してください。2度目は、左ページの人物の役になります。信号音が聞こえたら、1行目の会話を話し始めてください。）

●日本語の部分をタイ語で答えましょう。

1．A：**สบายดีหรือคะ**　　　　　　　B：元気です。（男性）
2．A：**กลับก่อนนะครับ**　　　　　　B：さようなら。（女性）
3．A：**ทานข้าวหรือยังคะ**　　　　　B：もう食べました。（男性）
4．A：**สวัสดีครับ**　　　　　　　　B：おやすみなさい。（女性）

文法まめ知識（1）

人称代名詞／名前の呼び方／親族名称

1）人称代名詞

　タイ語の人称代名詞は、日本語に比べると数はとても多く、主に相手との関係によってそれらのことばを微妙に使い分けます。

　とりあえず外国人が覚えておくべき基本的なことばは、以下の通りです。

	単　　　数	複　　　数
1人称	**ดิฉัน**（私）（女性） dichán **ผม**（僕、私）（男性） phŏm	**เรา**（私たち） raw
2人称	**คุณ**（あなた） khun	**พวกคุณ**（あなたたち） phûak khun
3人称	**เขา**（彼／彼女） kháw **มัน**（それ） man	**พวกเขา**（彼ら、彼女たち） phûak kháw **พวกมัน**（それら） phûak man

2）名前の呼び方

　タイでは、日本とは逆に「名姓」の順にいいます。

　姓は数音節からなる長いことばであることが多く、日常生活では姓で人を呼ぶことはしません。もちろん氏名を書くような場合には姓も書きますが、姓を多用する日本人に比べると、ほとんど姓は意味がない、といってもよいほどです。

　従って、通常は名前で呼びます。相手との距離があったり、丁寧にいう必要がある場合には「～さん」にあたる **คุณ** ということばを名前の前につけて呼びます。日本語とは語順が逆ですから、注意をしてください。

　　例）**คุณสุนิสา** khun sùnísǎa「スニサーさん」

　また、タイ人はほとんどが本当の名前のほかに、多くの場合1音節の短いニックネームを持っています。日本人もニックネームを持っている人が多いかもしれませんが、タイ人にとってのニックネームはとても重要なもので、ある程度の関係のある人同士の間では、通常このニックネームで呼び合います。家庭内でもそうですし、友だち同士や職場の人間の間でもニックネームを用いるのが普通です。ですから、かなり親しくても実は本名を知らない、ということもよくあることです。

　特に女性は、自分のことをこのニックネームで「私」と呼ぶことがよくあります。

3）親族名称

タイ語の基本的な親族名称は以下の通りです。

祖母（母方）	**คุณยาย** khun yaay	祖母（父方）	**คุณย่า** khun yâa
祖父（母方）	**คุณตา** khun taa	祖父（父方）	**คุณปู่** khun pùu
母	**คุณแม่** khun mɛ̂ɛ	父	**คุณพ่อ** khun pɔ̂ɔ
姉	**พี่สาว** phii sǎaw	兄	**พี่ชาย** phii chaay
妹	**น้องสาว** nɔ́ɔŋ sǎaw	弟	**น้องชาย** nɔ́ɔŋ chaay
娘	**ลูกสาว** lûuk sǎaw	息子	**ลูกชาย** lûuk chaay
伯父（父母の兄）	**คุณลุง** khun luŋ		
伯母（父母の姉）	**คุณป้า** khun pâa		
叔父・叔母（母の弟・妹）	**คุณน้า** khun náa		
叔父・叔母（父の弟・妹）	**คุณอา** khun ʔaa		

どちらへ？ （あいさつ②）

第1課に引き続き、日常のさまざまなあいさつのことばを練習します。ちょっと道で出会ったときとか、お祝いのときの表現などを覚えてください。

สุนิสา
（スニサー）

▶ **จะไปไหนคะ**

càʔ pay nǎy kháʔ
チャ パィ ナィ カ
どちらへ？

▶ **หรือคะ จะไปทำอะไรคะ**

rɯ̌ɯ kháʔ càʔ pay tham ʔaray kháʔ
ルー カ　チャ パィ タム アラィ カ
そうですか。何をしに行くのですか？

▶ **ไปอย่างไรคะ**

pay yaŋŋay kháʔ
パィ ヤングンガィ カ
どうやって行きますか？

 　ไป は「行く」という意味の動詞で、後ろに場所を表わすことばを置けば「～へ行く」という意味を表わします。この際、前置詞や助詞にあたることばは必要ありません。また、後ろに動詞句を置けば「～しに行く」という意味を表わします。この際、後ろに置く動詞はそのままの形で置けばよく、形を変える必要はありません。**ไหน** は「どこ」、**อะไร** は「何」、**อย่างไร** は「どのようにして」を表わします。通常これらのことばが用いられればその文章は疑問文になります。この際、名詞などが置かれる位置にこれらのことばを置くだけで、語順は平叙文と変わらないことに注意してください。

จะ：未来を表わす助詞　　ไป：行く　　ไหน：どこ

เวิลด์เทรด：ワールド・トレード・センター（ショッピングセンターの名前）

หรือ：そうですか、そうなんですか（あいづち）

ทำ：する　　อะไร：何

ว่าจะ~：～するつもり　　ซื้อ：買う

เทป：テープ　　เพลง：歌、曲

อย่างไร：どのように、どのようにして、どうやって

นั่ง：乗る　　รถไฟฟ้า：電車

◀ **จะไปเวิลด์เทรดครับ**

càʔ pay wɔɔw thrèet khráp

チャ　パィ　ウーゥ　トゥレート　クラブ

ワールド・トレード・センターに行きます。

◀ **ว่าจะไปซื้อเทปเพลงครับ**

wâa càʔ pay súɯu théep phleeŋ khráp

ワー　チャ　パィ　スー　テープ　プレーング　クラブ

歌のテープを買いに行くつもりです。

田　中

◀ **นั่งรถไฟฟ้าไปครับ**

nâŋ rót fayfáa pay khráp

ナング　ロト　ファィファー　パィ　クラブ

電車に乗って行きます。

　　あいづちを打つのに用いられる **หรือ** は、文字通り発音すると rɯ̌ɯ ですが、その他に rɔ̌ə、rɯ́、rɔ́ などのように発音されることもあります。

　　ไปทำอะไร のように平声が何音節も続く場合、ずっと平らな声調を保つのは案外難しいものです。上がったり下がったりしないように注意してください。

　　อย่างไร の本来の発音は yàaŋray ですが、実際の会話では yaŋŋay のように発音されます。

関連表現／使える表現

●日常のあいさつ②

仕事をしに行きます。（女性）

จะไปทำงานค่ะ
càˀ pay thamŋaan khâˀ

散歩しに行きます。（男性）

จะไปเดินเล่นครับ
càˀ pay dəən lên khráp

タイ語を勉強しに行きます。（女性）

จะไปเรียนภาษาไทยค่ะ
càˀ pay rian phaasǎa thay khâˀ

市場へ買い物をしに行くつもりです。（男性）

จะไปซื้อของที่ตลาดครับ
càˀ pay sɯ́ɯ khɔ̌ɔŋ thîi talàat khráp

バスに乗って行きます。（女性）

นั่งรถเมล์ไปค่ะ
nâŋ rótmee pay khâˀ

●近況をうかがう

最近、仕事は忙しいですか？
（女性）

ช่วงนี้ งานยุ่งไหมคะ
chûaŋ níi ŋaan yûŋ máy khá?

・あまり忙しくありません。（男性）

ไม่ค่อยยุ่งครับ
mây khɔ̂y yûŋ khráp

・とても忙しいです。（女性）

ยุ่งมากค่ะ
yûŋ mâak khâ?

●お祝い

おめでとうございます。（男性）

ขอแสดงความยินดีด้วยครับ
khɔ̌ɔ sadɛɛŋ khwaam yindii dûay khráp

お誕生日おめでとうございます。
（女性）

สุขสันต์วันเกิดค่ะ
sùksǎn wan kəət khâ?

新年おめでとうございます。（男性）

สวัสดีปีใหม่ครับ
sawàtdii pii mày khráp

ワンポイント アドバイス

　タイ語では日本語と比べると、概してあいさつのことばは少ない、ということができると思います。日本語ではいわなければいけないことばでも、タイ語にはないことばが多くあります。たとえば、「行って来ます」、「行ってらっしゃい」、「ただいま」、「お帰りなさい」などのことばはタイ語にはありません。

《エクササイズ》

จะ は動詞句の前に置いて、未来を表わします。

例） จะซื้ออะไรครับ 「何を買いますか？」（男性）
　　cà? sɯ́ɯ ?aray khráp

　　 จะซื้อหนังสือค่ะ 「本を買います。」（女性）
　　cà? sɯ́ɯ náŋsɯ̌ɯ khâ?

ว่าจะ を動詞句の前に置くと、「～するつもり」という意味を表わします。

　　 ว่าจะทำอะไรคะ 「何をするつもりですか？」（女性）
　　wâa cà? tham ?aray khá?

　　 ว่าจะทานกาแฟครับ 「コーヒーを飲むつもりです。」（男性）
　　wâa cà? thaan kaafɛɛ khráp

練習　復習しながら 話してみよう

●基本会話の復習です。

●日本語の部分をタイ語で答えましょう。

1．A：จะไปไหนครับ
　　B：ワールド・トレード・センターへ買い物をしに行きます。（女性）
2．A：ว่าจะซื้ออะไรคะ 　　　　　　　B：本を買うつもりです。（男性）
3．A：ช่วงนี้งานยุ่งไหมครับ 　　　　B：とても忙しいです。（女性）
4．A：สวัสดีปีใหม่ค่ะ 　　　　　　　B：新年おめでとうございます。（男性）

解答　1．จะไปซื้อของที่เวิลด์เทรดค่ะ　2．ว่าจะซื้อหนังสือครับ
　　3．ยุ่งมากค่ะ　4．สวัสดีปีใหม่ครับ

タイ語の文法概説

1）動詞

　タイ語の動詞はすべてそのままの形で用います。つまり、語形変化や活用のようなものはありません。1つの形を覚えれば、どんな場合にもそれだけで足りる、ということになります。

　従って、いっしょに用いられることば、前後関係、語順などでさまざまな文法的な関係を表わす、ということになります。

　例）**เมื่อวานนี้ไปทานอาหารไทย เผ็ดมาก** mûa waan níi pay thaan ʔaahǎan thay phèt mâak
　　「昨日、タイ料理を食べに行きました。とても辛かったです。」

　この場合、動詞は **ไป**「行く」と **เผ็ด**「辛い」ですが、**เมื่อวานนี้**「昨日」ということばといっしょに用いられているため、「過去」であることがわかります。

　また多くの言語では「行く」は動詞、「辛い」は形容詞、という区別がありますが、タイ語には基本的に動詞と形容詞との区別がありません。英語的に考えれば、形容詞を用いる際に「be動詞」にあたることばは必要ない、ということになります。

　さらに、**ไป**「行く」と **ทาน**「食べる」がそのままの形で並べられていることにも注目してください。意味の上で並べることができる限り、タイ語ではそのままの形で動詞を並べることができます。

2）文の組み立て方

　タイ語には日本語の助詞にあたるようなことばもありませんから、日本人にとってはちょうどカタコトの日本語のような感覚でことばを並べていくだけで正しい文ができてしまいます。

　例）**เราชอบไปเที่ยวเมืองไทยมาก** raw chɔ̂ɔp pay thîaw muaŋ thay mâak
　　「私たちはタイへ遊びに行くのがとても好きです。」

　この文は、**เรา**「私たち」**ชอบ**「好き」**ไปเที่ยว**「遊びに行く」**เมืองไทย**「タイ」**มาก**「とても」の順に並べられているだけです。

　また、文には必ずしも主語は必要ありません。いわなくてもわかることはいう必要はありません。

　例）**ดิฉันชื่อนัทซุโกะ เป็นคนญี่ปุ่น ชอบเมืองไทยมาก**
　　dichán chûu nátsukòʔ pen khon yîipùn chɔ̂ɔp muaŋ thay mâak
　　「私は名前は夏子です。日本人です。タイがとても好きです。」

　ですから、多くの場合、単語1語だけでも立派な文章になります。

　例）**ชอบอาหารไทยไหม** chɔ̂ɔp ʔaahǎan thay máy 「タイ料理は好きですか？」
　　ชอบ chɔ̂ɔp 「好きです。」

３）複合語などの語順

　修飾語（修飾することば）は被修飾語（修飾されることば）の後ろに置かれます。これは日本語とは逆の語順ですからちょっと注意が必要です。複合語などの語順も、すべてこの語順になります。先に大まかなことをいって、後から後ろにことばを加えて限定していくこのいい方は、慣れるととても便利です。

　　例）**ห้องเรียน**　hɔ̂ŋ rian「教室」

直訳すると、**เรียน**「勉強する」**ห้อง**「部屋」です。

４）文の構造

　動詞の目的語は原則として動詞の後ろに置かれます。これは英語と同じ語順です。

　　例）**เรียนภาษาไทย**　rian phaasǎa thay「タイ語を勉強します。」

ภาษาไทย が「タイ語」で、**เรียน** が「勉強する」です。

　ただし、目的語を先に挙げて「それについては〜だ」というような場合、目的語が動詞の後ろの位置をはずれることもあります。このような文は、日本語の感覚に近いものがあります。

　　例）**ภาษาไทย เคยเรียน**　phaasǎa thay khəəy rian「タイ語は、勉強したことがあります。」

เคย は「〜したことがある」という意味の助動詞的なことばです。

　このような場合も含めて、タイ語の文章の語順はおおまかに「主部＋述部」という風にまとめることができます。主部と述部の部分は、どんなものが置かれてもかまいません。上の例の場合、**ภาษาไทย** が主部、**เคยเรียน** が述部になっています。

　　例）**เรียนภาษาไทย สนุก**　rian phaasǎa thay　sanùk
　　　　「タイ語を勉強することは、楽しいです。」

この場合、**เรียนภาษาไทย** が主部、**สนุก** が述部になっています。

　　例）**ผมจะไปเมืองไทยอาทิตย์หน้า**　phǒm càʔ pay mɯaŋ thay ʔaathít nâa
　　　　「私がタイへ行くのは、来週です。」
　　　　อาทิตย์หน้าผมจะไปเมืองไทย　ʔaathít nâa phǒm càʔ pay mɯaŋ thay
　　　　「来週は、私はタイへ行きます。」

　上の文では、**ผมจะไปเมืองไทย**「私はタイへ行きます」が主部、**อาทิตย์หน้า**「来週」が述部になっています。

　下の文では、**อาทิตย์หน้า**「来週」が主部、**ผมจะไปเมืองไทย**「私はタイへ行きます」が述部になっています。

　文の単位自体はまったく同じでも、このように語順によって、つまり主部に置かれるか述部に置かれるかによって、ニュアンスは多少変わってきます。

はじめまして（自己紹介）

この課では自己紹介のしかたを覚えてください。特に難しいことはありません。自分の名前、何をしているか、そして「はじめまして」がいえれば十分です。

▶ # ขอโทษครับ คุณเป็นคนไทยใช่ไหมครับ

khɔ̌ɔ thôot khráp　khun pen khon thay chây máy khráp

コー　トート　クラブ　クン　ペン　コン　タィ　チャィ　マィ　クラブ

失礼ですが、あなたはタイ人ですね？

▶ # ผมชื่อทานากะครับ ขอโทษครับ คุณชื่ออะไรครับ

phǒm chʉ̂ʉ thaanaakàʔ khráp　khɔ̌ɔ thôot khráp　khun chʉ̂ʉ ʔaray khráp

ポム　チュー　ターナーカ　クラブ　コー　トート　クラブ　クン　チュー　アラィ　クラブ

私は田中といいます。失礼ですが、あなたはお名前は何ですか？

田　中

▶ # ยินดีที่ได้รู้จักครับ

yindii thîi dây rúucàk khráp

インディー　ティー　ダィ　ルーチャク　クラブ

はじめまして。（お目にかかれてうれしいです。）

解説

　「私は〜といいます」といいたい場合には、「私」にあたる **ดิฉัน**（女性）／ **ผม**（男性）の後ろに「名前」にあたる **ชื่อ**、そしてその後ろに名前をいいます。「私は〜です」という場合には、「私」と名前を並べるだけでいうこともできます。「名前は何といいますか？」と尋ねたい場合には、この **ชื่อ** の後ろに「何」にあたる **อะไร** を置いて **ชื่ออะไร** とします。

　เป็น は英語の be 動詞にあたる動詞で、「A **เป็น** B」で「A は B です」という意味を表わします。

◀ **ใช่ค่ะ ดิฉันเป็นคนไทยค่ะ**

chây khâ?　dichán pen khon thay khâ?
チャィ　カ　ディチャン　ペン　コン　タィ　カ
そうです。私はタイ人です。

◀ **ดิฉันบุษบาค่ะ**

dichán bùtsabaa khâ?
ディチャン　ブトサバー　カ
私はブッサバーです。

บุษบา
（ブッサバー）

◀ **เช่นเดียวกันค่ะ**

chên diaw kan khâ?
チェン　ディーアォ　カン　カ
はじめまして。（私もです。）

関連表現／使える表現

A 21

● 名前と出身

お名前は？（男性）	ชื่ออะไรครับ chûuu ʔaray khráp
・前田友見といいます。（女性）	ยูมิ มาเอดะค่ะ yuumíʔ maaʔeedàʔ kháʔ
出身はどちらですか？（女性）	เกิดที่ไหนคะ kɤ̀ɤt thîi nǎy kháʔ
日本人です。（男性）	เป็นคนญี่ปุ่นครับ pen khon yîipùn khráp
お住まいはどちらですか？（女性）	บ้านอยู่ที่ไหนคะ bâan yùu thîi nǎy kháʔ
・東京です。（男性）	อยู่ที่โตเกียวครับ yùu thîi tookiaw khráp

A 22

● 年齢や仕事

失礼ですが、お年はおいくつですか？（女性）	ขอโทษค่ะ อายุเท่าไรคะ khɔ̌ɔ thôot kháʔ ʔaayúʔ thâwray kháʔ
・25です。（男性）	อายุ ๒๕ ครับ ʔaayúʔ yîi sìp hâa khráp
結婚されていますか？（女性）	แต่งงานหรือยังคะ tɛ̀ŋŋaan rɯ́yaŋ kháʔ
・結婚しています。（男性）	แต่งงานแล้วครับ tɛ̀ŋŋaan lɛ́ɛw khráp
・まだ独身です。（男性）	ยังเป็นโสดครับ yaŋ pen sòot khráp
お仕事は何ですか？（女性）	ทำงานอะไรคะ thamŋaan ʔaray kháʔ
・学生です。（男性）	เป็นนักศึกษาครับ pen náksùksǎa khráp
・会社員です。（女性）	ทำงานบริษัทค่ะ thamŋaan bɔɔrisàt kháʔ

ワンポイント アドバイス

「はじめまして」という場合、**ยินดีที่ได้รู้จัก** が思い浮かばないときは、「こんにちは」の **สวัสดี** でいうこともできます。また、**ยินดีที่ได้รู้จัก** といわれた場合、そのまま **ยินดีที่ได้รู้จัก** を返すこともできますし、「私も同様です」を意味する **เช่นเดียวกัน** を返すこともできます。

《エクササイズ》

ใช่ไหม は文末に置いて「〜ですね？、〜でしょう？」という意味の疑問文を作ります。答え方は、肯定ならば **ใช่**、否定ならば **ไม่ใช่** ですが、疑問文の中で用いられている動詞で答えることもあります。この場合には、肯定ならば「その動詞」で、否定ならば「**ไม่**＋動詞」で答えます。

例）เป็นนักศึกษาใช่ไหมครับ	「学生ですね？」（男性）
pen náksùksǎa chây máy khráp	
ใช่ค่ะ	「そうです。」（女性）
chây khâ?	
ไม่ใช่ค่ะ	「ちがいます。」（女性）
mây chây khâ?	
ชอบเมืองไทยใช่ไหมคะ	「タイが好きですね？」（女性）
chɔ̂ɔp muaŋ thay chây máy khá?	
ชอบครับ	「好きです。」（男性）
chɔ̂ɔp khráp	
ไม่ชอบครับ	「好きではありません。」（男性）
mây chɔ̂ɔp khráp	

練習 復習しながら 話してみよう

A 23 ●基本会話の復習です。

A 24 ●日本語の部分をタイ語で答えましょう。

1．A：เป็นคนญี่ปุ่นใช่ไหมครับ　　　　B：そうです。私は日本人です。（女性）

2．A：ยินดีที่ได้รู้จักค่ะ　　　　　　B：はじめまして。（男性）

3．A：คุณชื่ออะไรครับ　　　　　　　B：前田友見といいます。（女性）

4．A：อายุเท่าไรคะ　　　　　　　　B：29です。（男性）

5．A：บ้านอยู่ที่ไหนครับ　　　　　　B：東京です。（女性）

解答　1. ใช่ค่ะ ดิฉันเป็นคนญี่ปุ่นค่ะ　2. เช่นเดียวกันครับ (ยินดีที่ได้รู้จักครับ)
　　　3. ชื่อ ยูมิ มาเอดะค่ะ　4. อายุ ๒๙ (ยี่สิบเก้า) ครับ　5. อยู่ที่โตเกียวค่ะ

覚えておきたい重要語句① 数詞

タイ語の数詞は、その多くが漢語語源であるため、日本語の数詞とも似ていて覚えやすいはずです。また、数詞の組み合わせ方も日本語とほとんど同じですから、特に難しいことはありません。

1）**数詞** 0から10までは以下の通りです。

0	1	2	3	4	5
ศูนย์	หนึ่ง	สอง	สาม	สี่	ห้า
sǔun	nùŋ	sɔ̌ɔŋ	sǎam	sìi	hâa
スーン	ヌング	ソーング	サーム	スィー	ハー
6	7	8	9	10	
หก	เจ็ด	แปด	เก้า	สิบ	
hòk	cèt	pɛ̀ɛt	kâaw	sìp	
ホク	チェト	ペート	カーオ	スィプ	

これらのことばの組み合わせ方は日本語と同じです。
　　例）42（よん・じゅう・に）
　　　　สี่สิบสอง sìi sìp sɔ̌ɔŋ　スィー　スィプ　ソーング
ただし注意をしなければならない点が2点あります。
　①20台の十の位の「2」はสองではなく、「ยี่ yîi イー」ということばを用います。
　　例）25（に・じゅう・ご）
　　　　ยี่สิบห้า yîi sìp hâa　イー　スィプ　ハー
　②21、31などの「10（สิบ）の後の1」はหนึ่งではなく、「เอ็ด ʔèt エト」ということばを用います。
　　例）51（ご・じゅう・いち）
　　　　ห้าสิบเอ็ด hâa sìp ʔèt　ハー　スィプ　エト

2）**大きな数** 百以上の数は以下の通りです。

百	千	万	十万	百万
ร้อย	พัน	หมื่น	แสน	ล้าน
rɔ́ɔy	phan	mɯ̀ɯn	sɛ̌ɛn	láan
ローィ	パン	ムーン	セーン	ラーン

組み合わせ方は、やはり日本語と同じです。ただし、タイ語では「一百」という言い方もします。
　　例）1,999（いち・せん・きゅう・ひゃく・きゅう・じゅう・きゅう）
　　　　หนึ่งพันเก้าร้อยเก้าสิบเก้า nùŋ phan kâaw rɔ́ɔy kâaw sìp kâaw
また、単独の単位としては「百万」までしかありませんから、それ以上の単位は組み合わせていきます。
　　例）億＝百・百万
　　　　ร้อยล้าน rɔ́ɔy láan　ローィ　ラーン

チェックタイム ①

●第1課から第3課の復習です。以下の問題にチャレンジしましょう。

 1．次の文を日本語に訳しましょう。

① ราตรีสวัสดิ์ค่ะ/ครับ

② จะไปไหนคะ/ครับ

③ คุณชื่ออะไรคะ/ครับ

 2．次の文をタイ語で発音しましょう。

①こんにちは。お元気ですか？

②タイ語を勉強しに行きます。

③はじめまして。

 3．タイ語で次の質問に答えましょう。

① ทานข้าวหรือยังคะ/ครับ

② ช่วงนี้ งานยุ่งไหมคะ/ครับ

③ คุณเป็นคนไทยใช่ไหมคะ/ครับ

解答	1．①おやすみなさい。
	②どちらへ？
	③あなたはお名前は何ですか？
	2．① สวัสดีค่ะ/ครับ สบายดีหรือคะ/ครับ
	② จะไปเรียนภาษาไทยค่ะ/ครับ
	③ ยินดีที่ได้รู้จักค่ะ/ครับ
	3．① ทานแล้วค่ะ/ครับ ／ ยังค่ะ/ครับ
	② ไม่ค่อยยุ่งค่ะ/ครับ ／ ยุ่งมากค่ะ/ครับ
	③ ไม่ใช่ค่ะ/ครับ

すみません (呼びかけ／お願い)

日本語で何かきいたり、頼んだりする場合、「すみません」は欠かすことができませんが、タイ語でも必ずいわなければなりません。その他、呼びかけのことばなどを練習します。

▶ # ขอโทษค่ะ ขอถามหน่อยนะคะ

khɔ̌ɔ thôot khâ?　khɔ̌ɔ thǎam nɔ̀y ná? khá?
コー　トート　カ　コー　ターム　ノィ　ナ　カ
すみません。ちょっと尋ねさせてくださいね。

佐々木

▶ # ที่นี่มีห้องน้ำไหมคะ

thîi nii mii hɔ̂ŋ náam máy khá?
ティー　ニー　ミー　ホング　ナーム　マィ　カ
ここにはトイレはありますか？

▶ # ขอบคุณค่ะ

khɔ̀ɔp khun khâ?
コープ　クン　カ
ありがとうございます。

> 解説　日本語の「すみません」にあたることばは **ขอโทษ** です。何かきいたり、お願いしたりする場合には、まずこのことばをいいます。**ขอ** は動詞の前に置いて「～させてください」という意味を表わします。**หน่อย** は日本語の「ちょっと」にあたることばですから、**ขอ～หน่อย** で「ちょっと～させてください」となります。**มี** は後ろにものなどを置いて「～がある」という意味を表わします。**ไหม** は文末に置いて「～ですか？」という疑問文を作ります。

ขอโทษ：すみません　　ขอ~：～させてください

ถาม：尋ねる　　หน่อย：ちょっと

~นะ：～ね　　มีอะไร：何でしょうか

ที่นี่：ここ　　มี：ある

ห้องน้ำ：トイレ　　~ไหม：～ですか

ตรงไป：まっすぐ行く　　แล้ว：それから

เลี้ยว：曲がる　　ขวา：右

ขอบคุณ：ありがとうございます　　ไม่เป็นไร：どういたしまして

◀ **ครับ มีอะไรครับ**

khráp　mii ʔaray khráp

クラブ　ミー　アライ　クラブ

はい。何でしょうか。

◀ **มีครับ ตรงไปแล้วเลี้ยวขวาครับ**

mii khráp　troŋ pay léɛw líaw khwǎa khráp

ミー　クラブ　トゥロング　パイ　レーオ　リーァオ　クワー　クラブ

あります。まっすぐ行って右に曲がってください。

ウエイター

◀ **ไม่เป็นไรครับ**

mâypenray khráp

マィペンライ　クラブ

どういたしまして。

　นะ は、文末に置いて「～ね」のように文意を和らげる働きをします。このことばを用いた文章は疑問文ではありませんが、女性の方が丁寧にいう場合、この **นะ** の後ろは **ค่ะ** ではなく **คะ** を用いることが多いので注意してください。男性はいつでも **ครับ** ですから問題ないですね。

関連表現／使える表現

● お願い

すみません。（ちょっとくだけた場合）（女性）
โทษนะคะ
thôot náʔ kháʔ

ちょっと手伝って頂けませんか？
（男性）
ช่วยหน่อยได้ไหมครับ
chûay nɔ̀y dâay máy khráp

・いいですよ。（女性）
ได้ค่ะ
dâay khâʔ

ちょっと教えてください。（男性）
ช่วยสอนให้หน่อยครับ
chûay sɔ̌ɔn hây nɔ̀y khráp

・すみません。今は時間がありません。
（女性）
ขอโทษค่ะ ตอนนี้ไม่มีเวลาค่ะ
khɔ̌ɔ thôot khâʔ tɔɔn níi mây mii weelaa khâʔ

● 問い合わせ

すみません。トイレはどこですか？
（女性）
ขอโทษค่ะ ห้องน้ำอยู่ที่ไหนคะ
khɔ̌ɔ thôot khâʔ hɔ̂ŋ náam yùu thîi nǎy kháʔ

すみません。ここには電池は売っていますか？（男性）
ขอโทษครับ ที่นี่มีถ่านขายไหมครับ
khɔ̌ɔ thôot khráp thîi nii mii thàan khǎay máy khráp

すみません。どこでフィルムを買えますか？（女性）
ขอโทษค่ะ ซื้อฟิล์มได้ที่ไหนคะ
khɔ̌ɔ thôot khâʔ súuu fiim dâay thîi nǎy kháʔ

すみません。私をチャトゥチャック公園に連れて行って頂けますか？（男性）
ขอโทษครับ ช่วยพาผมไปสวน
khɔ̌ɔ thôot khráp chûay phaa phǒm pay sǔan
จตุจักรหน่อยได้ไหมครับ
càtucàk nɔ̀y dâay máy khráp

● 呼びかけ

先生！（男性）
อาจารย์ครับ
ʔaacaan khráp

田中さん！（女性）
คุณทานากะคะ
khun thaanaakàʔ kháʔ

・はい。何ですか？（男性）
ครับ อะไรครับ
khráp ʔaray khráp

ワンポイント アドバイス

外国人が近くに来ると「話しかけられなければいいなぁ」と思う日本人とは違って、タイ人は**ขอโทษค่ะ/ครับ**と話しかけると、例外なくこちらを向いてきてくれます。何かわからないことがあるような場合、勇気を出してどんどんきいてみましょう。必ず親切に受け答えしてもらえるはずです。

《エクササイズ》

มี は「ある、いる」という意味で、生物・無生物を問わず「存在」を表わす動詞です。否定を表わす **ไม่** をつけて **ไม่มี** とすると「存在しない」ことを表わします。

例）**ที่นี่มีโทรศัพท์สาธารณะค่ะ**　　　「ここには公衆電話があります。」（女性）
　　thîi níi mii thoorasàp săathaaraná? khâ?

「どこですか？」を表わす **อยู่ที่ไหน** という表現の中に使われている **อยู่** という動詞は「存在する」ことは前提で、それが「どこにあるか、いるか」あるいは「今あるか、いるか」などの意味を表わします。

แถวนี้มีไปรษณีย์ไหมคะ　　　「この辺りに郵便局はありますか？」（女性）
thĕw níi mii praysanii máy khá?

อยู่หน้ามหาวิทยาลัยครับ　　　「大学の前にあります。」（男性）
yùu nâa mahăawitthayaalay khráp

練習　復習しながら 話してみよう

A 33

●基本会話の復習です。

A 34

●日本語の部分をタイ語で答えましょう。

1．A：すみません、ここにはトイレはありますか？（女性）　　B：**มีครับ**

2．A：**ขอบคุณครับ**　　　　　　　　　　B：どういたしまして。（女性）

3．A：ちょっと教えてください。（女性）　　B：**ได้ค่ะ**

4．A：**ช่วยพาผมไปเวิลด์เทรดหน่อยได้ไหมครับ**

　　B：すみません。今は時間がありません。（女性）

5．A：この辺りに公衆電話はありますか？（男性）　　B：**ไม่มีค่ะ**

解答 1．ขอโทษค่ะ ที่นี่มีห้องน้ำไหมคะ　2．ไม่เป็นไรค่ะ　3．ช่วยสอนให้หน่อยค่ะ
4．ขอโทษค่ะ ตอนนี้ไม่มีเวลาค่ะ　5．แถวนี้มีโทรศัพท์สาธารณะไหมครับ

疑問文のまとめ

1) 疑問文 1

文末に置いて基本的な疑問文を作ることばが 4 つあります。

(1) ~ใช่ไหม chây máy 「〜ですね？」

例）คุณเป็นคนไทยใช่ไหม khun pen khon thay chây máy
「あなたはタイ人ですね？」
ใช่ chây「そうです。」／ไม่ใช่ mây chây「ちがいます。」

この ใช่ไหม できかれた疑問文に対しては ใช่、ไม่ใช่ で答えるのが原則ですが、疑問文の中で用いられている動詞で答えることもできます。

例）คุณชอบเมืองไทยใช่ไหม khun chɔ̂ɔp mɯaŋ thay chây máy
「あなたはタイが好きですね？」
ชอบ chɔ̂ɔp「好きです。」／ไม่ชอบ mây chɔ̂ɔp「好きではありません。」

(2) ~หรือเปล่า rɯ́plàaw 「〜ですか？」

例）คุณเป็นคนไทยหรือเปล่า khun pen khon thay rɯ́plàaw
「あなたはタイ人ですか？」
ใช่ chây「そうです。」／ไม่ใช่ mây chây「ちがいます。」

この หรือเปล่า できかれた疑問文に対しても ใช่、ไม่ใช่ で答えることができますが、疑問文の中で用いられている動詞で答えることもあります。

例）คุณชอบเมืองไทยหรือเปล่า khun chɔ̂ɔp mɯaŋ thay rɯ́plàaw
「あなたはタイが好きですか？」
ชอบ chɔ̂ɔp「好きです。」／ไม่ชอบ mây chɔ̂ɔp「好きではありません。」

(3) ~ไหม máy 「〜ですか？」

この ไหม を用いた疑問文は、意味の上では หรือเปล่า の疑問文と同じです。ただし、ไหม のほうはいろいろと制限があって用いることのできない文章があります。นี่「これ」などが主語で動詞のない文、「AはBです」という文で เป็น が用いられている文、過去を表わす文などでは通常用いることができません。

例）ที่ภูเก็ต สวยไหม thîi phuukèt sǔay máy「プーケットはきれいですか？」
สวย sǔay「きれいです。」／ไม่สวย mây sǔay「きれいではありません。」

(4) ~หรือ rɯ̌ɯ 「〜なんですか？」

この หรือ を用いた疑問文は、普通に発音した場合には相手のいったことを特にあまり意味なく繰り返す意味での「〜なんですか」という意味に、

声調などをはっきりと発音した場合には、相手のいったことなどに対して
疑念を抱いていう「～なんですか？」という意味になります。

例）**วันนี้ร้อนมาก** wan níi rɔ́ɔn mâak「今日はとても暑いです。」
ร้อนมากหรือ rɔ́ɔn mâak rǔuu「とても暑いんですか。」

例）**อาหารไทยไม่อร่อย** ʔaahǎan thay mây ʔarɔ̀y「タイ料理はおいしくありません。」
ไม่อร่อยหรือ mây ʔarɔ̀y rǔuu「（自分はそうは思わないけど／そんなはず
はないけど）おいしくないんですか？」

2）疑問文 2
単独でも疑問文を作ることができる疑問詞は以下の通りです。

（1）**อะไร**「何、何の」
例）**ดูอะไร** duu ʔaray「何を見ていますか？」
นี่หนังสืออะไร nîi náŋsǔuu ʔaray「これは何の本ですか？」

（2）**ใคร**「誰」
例）**ใครโทรมา** khray thoo maa「誰が電話してきましたか？」

（3）**เมื่อไร**「いつ」
例）**คุณจะกลับเมืองไทยเมื่อไร** khun càʔ klàp mɯaŋ thay mɯ̂arày
「あなたはいつタイへ帰りますか？」

（4）**ที่ไหน**「どこ」
例）**คุณเรียนภาษาญี่ปุ่นอยู่ที่ไหน** khun rian phaasǎa yîipùn yùu thîi nǎy
「あなたはどこで日本語を勉強していますか？」

（5）**อย่างไร**「どのように、どのような」
例）**ไปสีลม ไปอย่างไรดี** pay sǐilom pay yaŋŋay dii
「スィーロムへ行くには、どのように行けばいいですか？」
例）**คุณชอบคนอย่างไร** khun chɔ̂ɔp khon yaŋŋay
「あなたはどのような人が好きですか？」

（6）**ทำไม**「なぜ」
例）**ทำไมคุณชอบเมืองไทย** thammay khun chɔ̂ɔp mɯaŋ thay
「なぜあなたはタイが好きなんですか？」

（7）**เท่าไร**「いくら」
例）**อันนี้ราคาเท่าไร** ʔan níi raakhaa thâwrày「これは値段はいくらですか？」

บทที่ 5

これは何ですか（呼称と指示詞）

ここでは、ものの名前や呼び方のいい方、あるいは尋ね方を練習します。その他「これ、それ」、「この〜、その〜」などのいい方も練習します。名前を知らないものに出会った場合などに、ここでのいい方を用いて単語を増やしましょう。

▶ **นี่อะไรครับ**

nîi ʔaray khráp
ニー　アライ　クラブ
これは何ですか？

▶ **นี่ภาษาไทยเรียกว่าอะไรครับ**

nîi phaasǎa thay rîak wâa ʔaray khráp
ニー　パーサー　タイ　リーアク　ワー　アライ　クラブ
これはタイ語で何といいますか？

田中

▶ **หนังสือพิมพ์นี้ ของใครครับ**

náŋsɯ̌ɯphim níi khɔ̌ɔŋ khray khráp
ナングスーピム　ニー　　コーング　クライ　クラブ
この新聞は誰のですか？

> **解説** **นี่** が「これ」、**นั่น** が「それ、あれ」を表わします。この **นี่**、**นั่น** が主語で「これ/それ/あれは〜です」という文章の場合、通常、動詞は必要ありません。**นี่**、**นั่น** の後ろにそのまま「〜」を並べるだけです。**นี้**、**นั้น** は名詞や類別詞の後ろに置きます。**〜นี้** で「この〜」、**〜นั้น** で「その〜、あの〜」などの意味を表わします。「AのB」という場合には、**ของ** ということばを用いて「B ของ A」とします。語順は日本語とは逆で後ろから前になるので注意してください。「B」が何だかいう必要がない場合には「**ของ A**」ということもできます。「Aの」という意味を表わします。また **ของ** を省略して「B A」で「AのB」を表わすこともあります。

นี่ : これ　　นั่น : それ、あれ
น้ำปลา : ナムプラー（魚醤）
ภาษาไทย : タイ語
เรียกว่า~ : ～という、～と呼ぶ
หนังสือพิมพ์ : 新聞　　นี้ : この～
ของ~ : ～の（所有を表わす）
ใคร : 誰　　~นั้น : その～、あの～
คุณพ่อ : 父、お父さん

◀ **นั่นน้ำปลาค่ะ**

nân nám plaa khâʔ
ナン　ナム　プラー　カ
それはナムプラーです。

◀ **"หนังสือพิมพ์" ค่ะ**

náŋsɯ̌ɯphim khâʔ
ナングスーピム　カ
「ナンスーピム」といいます。

บุษบา
（ブッサバー）

◀ **ของคุณพ่อค่ะ**

khɔ̌ɔŋ khun phɔ̂ɔ khâʔ
コーング　クン　ポー　カ
父のです。

　　น้ำปลา nám plaa や **หนังสือพิมพ์** náŋsɯ̌ɯphim などの末子音の「m」は、頭ではわかってはいても日本人には案外苦手な発音です。この「m」を出すには、口は必ず閉じていなければなりません。自分では「m」を出しているつもりでも口が開いていることがよくあります。これでは聞き取ってもらえませんから、十分注意してください。

関連表現／使える表現

● これは〜です

それは何ですか？（男性）

นั่นอะไรครับ
nân ʔaray khráp

・目薬です。（女性）

ยาหยอดตาค่ะ
yaa yɔ̀ɔt taa khâʔ

これは何の本ですか？（男性）

นี่หนังสืออะไรครับ
nii náŋsɯ̌ɯ ʔaray khráp

・タイ語のテキストです。（女性）

หนังสือเรียนภาษาไทยค่ะ
náŋsɯ̌ɯ rian phaasǎa thay khâʔ

● 何といいますか？

それは日本語で何といいますか？
（女性）

นั่นภาษาญี่ปุ่นเรียกว่าอะไรคะ
nân phaasǎa yiipùn riak wâa ʔaray kháʔ

・「テンプラ」といいます。（男性）

เรียกว่า "เท็มปุระ" ครับ
riak wâa tempuráʔ khráp

「魚」は日本語で何といいますか？
（女性）

ปลาภาษาญี่ปุ่นเรียกว่าอะไรคะ
plaa phaasǎa yiipùn riak wâa ʔaray kháʔ

・「サカナ」といいます。（男性）

เรียกว่า "ซะกะนะ" ครับ
riak wâa sakanáʔ khráp

● 誰のですか？

これは誰のですか？（女性）

นี่ของใครคะ
nii khɔ̌ɔŋ khray kháʔ

・母のです。（男性）

ของคุณแม่ครับ
khɔ̌ɔŋ khun mɛ̂ɛ khráp

・主人のです。（女性）

ของสามีค่ะ
khɔ̌ɔŋ sǎamii khâʔ

このエプロンは家内のです。（男性）

ผ้ากันเปื้อนนี้เป็นของภรรยาครับ
phâa kan pûan níi pen khɔ̌ɔŋ phanrayaa khráp

ワンポイント アドバイス

前にも指摘しましたが、タイ語では「何」、「誰」などの疑問詞を使う疑問文では、平叙文と語順は変わりません。ここでは **นี่อะไร**「これは何ですか？」、**นั่นน้ำปลา**「それはナムプラーです」、あるいは **ของใคร**「誰のですか？」、**ของคุณพ่อ**「父のです」などの文章があがっていますが、普通の名詞が置かれていれば平叙文に、疑問詞が置かれていれば疑問文になるだけで、語順はまったく同じ、ということがわかると思います。

《エクササイズ》

นี่、**นั่น** などが主語の場合には動詞は必要ありませんが、それ以外のことばが主語の場合には、第3課でも出てきましたが、「AはBです」という文章では **เป็น** という動詞が必要になります。

例）**นี่ปากกาครับ** 「これはペンです。」（男性）
　　nii pàakkaa khráp

　　ดิฉันเป็นนักศึกษาค่ะ 「私は学生です。」（女性）
　　dichán pen náksùksǎa khâʔ

นี่、**นั่น** などが主語の文章の否定文は、**นี่**、**นั่น** などと名詞との間に **ไม่ใช่** ということばを置きます。

　　นี่ไม่ใช่ดินสอครับ 「これは鉛筆ではありません。」（男性）
　　nii mây chây dinsɔ̌ɔ khráp

เป็น を用いた文章の否定文は、**เป็น** は用いずに **เป็น** があった位置に **ไม่ใช่** を置きます。

　　ดิฉันไม่ใช่คนไทยค่ะ 「私はタイ人ではありません。」（女性）
　　dichán mây chây khon thay khâʔ

ですから、否定文の場合には、**นี่**、**นั่น** が主語の文章と **เป็น** の文章とは同じ形になる、ということになります。

 練習　**復習**しながら **話**してみよう

39

●基本会話の復習です。

40

●日本語の部分をタイ語で答えましょう。

1．A：**นี่อะไรคะ** 　　　　　　　　B：目薬です。（男性）

2．A：これはタイ語で何といいますか？（男性）　B：**เรียกว่า "แว่นตา" ค่ะ**

3．A：**นี่ของใครคะ** 　　　　　　　B：母のです。（男性）

4．A：**คุณเป็นนักศึกษาใช่ไหมครับ** 　　B：私は学生ではありません。（女性）

解答 1. **ยาหยอดตาครับ** 　2. **นี่ภาษาไทยเรียกว่าอะไรครับ**
3. **ของคุณแม่ครับ** 　4. **ดิฉันไม่ใช่นักศึกษาค่ะ**

บทที่ 5　**53**　呼称と指示詞

（許可／義務）

〜してもいいですか？

ここでは、「〜してもいいですか？」と許可を求めるいい方、そして「〜しなければならない」という義務を表わすいい方を練習します。日本とタイとでは風習なども違いますから、何かをする前にとりあえずそれをしても大丈夫かどうかを確かめることは大切なことです。

▶ **ที่นี่สูบบุหรี่ได้ไหมครับ**

thîi níi sùup burìi dâay máy khráp

ティー ニー スープ ブリー ダーィ マィ クラブ

ここではたばこを吸ってもいいですか？

▶ **ถ้าจะสูบ ก็ต้องออกไปข้างนอกใช่ไหมครับ**

thâa cà? sùup kɔ̂? tɔ̂ŋ ʔɔ̀ɔk pay khâŋ nɔ̂ɔk chây máy khráp

ター チャ スープ コ トング オーク パィ カング ノーク チャィ マィ クラブ

もし吸うならば、外へ出なければなりませんね？

田 中

▶ **คุณไม่สูบบุหรี่ใช่ไหมครับ**

khun mây sùup burìi chây máy khráp

クン マィ スープ ブリー チャィ マィ クラブ

あなたはタバコを吸わないですよね？

解説　　動詞の後ろ、あるいは動詞に目的語がある場合には「動詞＋目的語」をひとかたまり（動詞句）と考えてその後ろに**ได้ไหม**を置くと、「〜してもいいですか？」という意味を表わすことができます。答える場合には、肯定ならば**ได้**で「いいです」、否定ならば**ไม่ได้**で「いけません」と答えます。動詞または動詞句の前に**ต้อง**を置くと、「〜しなければならない」という意味を表わします。否定は**ไม่ต้อง**という形で、「〜する必要はない」という意味を表わします。ここまでの説明でわかると思いますが、**ไม่**は動詞や助動詞につけて否定の意味を加えます。

สูบ：吸う　　บุหรี่：タバコ
~ได้ไหม：〜してもいいですか？　　ไม่ได้：いけません、ダメです
ห้าม：禁止する、禁じる　　ห้ามสูบบุหรี่：禁煙
ถ้า…ก็~：もし…ならば〜　　ต้อง~：〜しなければならない
ออกไป：出て行く　　ข้างนอก：外
ไม่~：〜でない（否定を表わす）
~เป็น：〜できる（経験があって、やり方を知っていて）
~ไม่เป็น：〜できない（経験がなくて、やり方を知らなくて）

◀ **ไม่ได้ค่ะ ที่นี่ห้ามสูบบุหรี่ค่ะ**

mây dâay khâ? thii nii hâam sùup burìi khâ?
マィ　ダーィ　カ　ティー　ニー　ハーム　スープ　ブリー　カ
いけません。ここは禁煙です。

◀ **ใช่ค่ะ ต้องสูบข้างนอกค่ะ**

chây khâ? tôŋ sùup khâŋ nɔ̂ɔk khâ?
チャィ　カ　トング　スープ　カング　ノーク　カ
そうです。外で吸わなければなりません。

บุษบา
（ブッサバー）

◀ **ดิฉันสูบไม่เป็นค่ะ**

dichán sùup mây pen khâ?
ディチャン　スープ　マィ　ペン　カ
私は吸えません。

　ได้ไหม の ไหม máy や ใช่ไหม の ไหม máy、あるいは否定の ไม่ mây などは、速い発音ではほとんど「ミ」のように聞こえることがあります。これはストレスがあまり置かれていないのと速いのとでこのように聞こえるものですが、はっきりと「ミ」と発音してしまうとくだけた発音になってしまいますから、ご自分で発音するときにははっきりと máy、mây のように発音しましょう。

関連表現／使える表現

A 42

●許可を求める

ここでは写真を撮ってもいいですか？
（女性）

 ・どうぞご自由に。（男性）

 ・撮影禁止です。（男性）

窓を開け［閉め］てもいいですか？
（女性）

 ・いいですとも。（男性）

これは頂いて行ってもいいですか？
（女性）

ちょっと電話をお借りしてもいいで
すか？（男性）

ที่นี่ถ่ายรูปได้ไหมคะ
thîi nîi thàay rûup dâay máy khá?

 เชิญตามสบายครับ
 chəən taam sabaay khráp

 ห้ามถ่ายรูปครับ
 hâam thàay rûup khráp

เปิด [ปิด] หน้าต่างได้ไหมคะ
pəət [pit] nâatàaŋ dâay máy khá?

 ได้เลยครับ
 dâay ləəy khráp

นี่ ขอไปได้ไหมคะ
nîi khɔ̌ɔ pay dâay máy khá?

ขอใช้โทรศัพท์หน่อยได้ไหมครับ
khɔ̌ɔ cháy thoorasàp nɔ̀y dâay máy khráp

A 43

●義務を表わす

明日は朝早く起きなければなりませ
ん。（女性）

この店は予約しなければなりませ
ん。（男性）

一生懸命タイ語を勉強しなければな
りません。（女性）

パスポートを持って行かなければな
りませんか？（女性）

 ・持って行かなければなりません。（男性）

 ・その必要はありません。（男性）

พรุ่งนี้ต้องตื่นเช้าค่ะ
phrûŋ níi tɔ̂ŋ tùuun cháaw khâ?

ร้านนี้ ต้องจองครับ
ráan níi tɔ̂ŋ cɔɔŋ khráp

ต้องตั้งใจเรียนภาษาไทยค่ะ
tɔ̂ŋ tâŋcay rian phaasǎa thay khá?

ต้องเอาพาสปอร์ตไปไหมคะ
tɔ̂ŋ ʔaw pháatsapɔ̀ɔt pay máy khá?

 ต้องครับ
 tɔ̂ŋ khráp

 ไม่ต้องครับ
 mây tɔ̂ŋ khráp

　タイはこと喫煙に関してはとても厳しいところです。いい方を変えれば、禁煙に関しては日本よりもずっと進んでいる、ということができます。そもそもタバコを吸う人は少ないですし、まして女性の喫煙は軽蔑をもって迎えられるのが普通、と考えたほうがいいでしょう。ですから、タバコを吸える場所というのはとても限られています。また、灰皿のない場所で吸い殻を捨てると高額の罰金を払わなければならないこともありますから、十分に注意しましょう。

《エクササイズ》

ได้ไหมの ได้ は、そもそも「～できる」という可能を表わすことばです。動詞句の後ろに置きます。「～できない」という意味を表わすには、動詞句の後ろに ไม่ได้ を置きます。

例）ดิฉันพูดภาษาไทยได้ค่ะ　　　「私はタイ語を話せます。」（女性）
　　dichán phûut phaasăa thay dâay khâʔ

　　ผมเขียนตัวหนังสือไทยไม่ได้ครับ　　「私はタイ文字を書けません。」（男性）
　　phŏm khĭan tua náŋsŭu thay mây dâay khráp

เป็น は同じ可能でも、「（やったことがあって、やり方を知っていて）できる」という意味を表わします。用い方は ได้ と同じです。

　　ดิฉันใช้คอมพิวเตอร์เป็นค่ะ　　「私はコンピュータを使えます。」（女性）
　　dichán cháy khɔmphiwtə̂ə pen khâʔ

　　คุณขับรถเป็นไหมครับ　　「あなたは車の運転ができますか？」（男性）
　　khun khàp rót pen máy khráp

練習　復習しながら 話してみよう

●基本会話の復習です。

●日本語の部分をタイ語で答えましょう。

1．A：ここではタバコを吸ってもいいですか？（男性）　　B：ไม่ได้ค่ะ
2．A：ขอใช้โทรศัพท์หน่อยได้ไหมคะ　　　　　　　　B：どうぞご自由に。（男性）
3．A：パスポートを持って行かなければなりませんか？（女性）　　B：ไม่ต้องครับ
4．A：あなたは車を運転できますか？（男性）　　B：เป็นค่ะ

解　1．ที่นี่สูบบุหรี่ได้ไหมครับ　2．เชิญตามสบายครับ
答　3．ต้องเอาพาสปอร์ตไปไหมคะ　4．คุณขับรถเป็นไหมครับ

覚えておきたい重要語句② 時刻・時間の表現

1）時刻の表現

時刻の表現は、時間帯によっていくつかのいい方を使い分けなければならず、ちょっと面倒です。

午前 1 時　ตี ๑ tii nùŋ	午後 1 時　บ่ายโมง bàay mooŋ
午前 2 時　ตี ๒ tii sɔ̌ɔŋ	午後 2 時　(บ่าย) ๒ โมง bàay sɔ̌ɔŋ mooŋ
午前 3 時　ตี ๓ tii sǎam	午後 3 時　(บ่าย) ๓ โมง bàay sǎam mooŋ
午前 4 時　ตี ๔ tii sìi	午後 4 時　๔ โมง(เย็น) sìi mooŋ yen
午前 5 時　ตี ๕ tii hâa	午後 5 時　๕ โมง(เย็น) hâa mooŋ yen
午前 6 時　๖ โมง(เช้า) hòk mooŋ cháaw	午後 6 時　๖ โมง(เย็น) hòk mooŋ yen
午前 7 時　๗ โมง(เช้า) cèt mooŋ cháaw	午後 7 時　ทุ่ม thûm
午前 8 時　๘ โมง(เช้า) pɛ̀ɛt mooŋ cháaw	午後 8 時　๒ ทุ่ม sɔ̌ɔŋ thûm
午前 9 時　๙ โมง(เช้า) kâaw mooŋ cháaw	午後 9 時　๓ ทุ่ม sǎam thûm
午前10時　๑๐ โมง(เช้า) sìp mooŋ cháaw	午後10時　๔ ทุ่ม sìi thûm
午前11時　๑๑ โมง(เช้า) sìp ʔèt mooŋ cháaw	午後11時　๕ ทุ่ม hâa thûm
正午　　　เที่ยง thîaŋ	午前 0 時　เที่ยงคืน thîaŋ khuuun

＊（ ）の部分は省略することもできます。

＊ ทุ่ม で時刻を表わす時間帯では、7時を1時として数えている点に注意してください。（1は省略しているので7時は ทุ่ม）

＊ ~โมงเช้า で時刻を表わす時間帯でも、同様に7時を1時として数えるいい方もあります。（7時が โมงเช้า、8時が ๒ โมงเช้า…）

＊「分」は นาที naathii「秒」は วินาที winaathii といいます。例）午後8時50分　๒ ทุ่ม ๕๐ นาที sɔ̌ɔŋ thûm hâa sìp naathii

＊時刻をきく場合には กี่โมง kìi mooŋ「何時」ということばを用います。

＊「半」のことは ครึ่ง khrûŋ といいます。例）午後1時半　บ่ายโมงครึ่ง bàay mooŋ khrûŋ ＝ บ่ายโมง ๓๐ นาที bàay mooŋ sǎam sìp naathii

＊文語では นาฬิกา naalikaa ということばを用いて、24時間制でいいます。例）午前8時　๘ นาฬิกา pɛ̀ɛt naalikaa、午後8時 ๒๐ นาฬิกา yîi sìp naalikaa　この場合の表記の仕方は ๘.๐๐ น.、๒๐.๐๐ น. のようになります。

2）時間の表現

「時間」のことは ชั่วโมง chûamooŋ といいます。「分」や「秒」については時刻の場合同様 นาที naathii、วินาที winaathii を用います。

　　例）5時間45分　๕ ชั่วโมง ๔๕ นาที hâa chûamooŋ sìi sìp hâa naathii

時間の長さをきく場合には、กี่ชั่วโมง kìi chûamooŋ「何時間」ということばを用います。

チェックタイム ②

●第４課から第６課の復習です。以下の問題にチャレンジしましょう。

１．次の文を日本語に訳しましょう。

① แถวนี้มีโทรศัพท์สาธารณะไหมคะ/ครับ

② นี่ภาษาไทยเรียกว่าอะไรคะ/ครับ

③ ต้องเอาพาสปอร์ตไปค่ะ/ครับ

２．次の文をタイ語で発音しましょう。

① トイレはどこですか？

② これは何ですか？

③ ここではタバコを吸ってもいいですか？

３．タイ語で次の質問に答えましょう。

① ที่นี่มีห้องน้ำไหมคะ/ครับ

② ที่นี่ถ่ายรูปได้ไหมคะ/ครับ

③ คุณใช้คอมพิวเตอร์เป็นไหมคะ/ครับ

解答	1．①この辺りに公衆電話はありますか？

　　　　②これはタイ語で何といいますか？

　　　　③パスポートを持って行かなければなりません。

　２．① ห้องน้ำอยู่ที่ไหนคะ/ครับ

　　　② นี่อะไรคะ/ครับ

　　　③ ที่นี่สูบบุหรี่ได้ไหมคะ/ครับ

　３．① มีค่ะ/ครับ／ไม่มีค่ะ/ครับ

　　　② ได้ค่ะ/ครับ／ไม่ได้ค่ะ/ครับ

　　　③ เป็นค่ะ/ครับ／ไม่เป็นค่ะ/ครับ

บทที่ 7

（お礼とお詫び）

ありがとう／ごめんなさい

「ありがとう」も「すみません」もすでに学びましたが、ここでもう一度お礼とお詫び、およびそれに対する返答の仕方などをまとめます。状況に応じて、すぐに適切なことばが出てくるようにしましょう。

▶ **ขอบคุณครับ ที่มารับ**
khɔ̀ɔp khun khráp thîi maa ráp
コープ クン クラブ　ティー マー ラブ
迎えに来てくれてありがとうございます。

▶ **แต่รอนานใช่ไหมครับ เพราะเครื่องบินดิเลย์**
tὲɛ rɔɔ naan châay máy khráp phrɔ́? khrŭuaŋ bin dilee
テー ロー ナーン チャイ マイ クラブ　プロ クルーアング ビン ディレー

ขอโทษนะครับ
khɔ̌ɔ thôot ná? khráp
コー トート ナ クラブ

でも長いことお待ちになったでしょう？　飛行機が遅れたので。申し訳ありません。

 川　本

▶ **รถติดวันเสาร์ด้วยหรือครับ**
rót tìt wan sǎw dûay rŭu khráp
ロト ティト ワン サオ ドゥーアイ ルー クラブ
土曜日も車が込むのですか？

解

説

　ไม่เป็นไร は **ขอบคุณ**「ありがとう」に対しては「どういたしまして」、**ขอโทษ**「ごめんなさい」に対しては「かまいません」を表わします。その他にも「気にしない、いいよ」など、状況によっていろいろな意味を表わす便利なことばです。**เพราะ** は後ろに文を置いて「～だからです、～なので」など、理由や原因を表わします。後ろに **ว่า** ということばを置いて **เพราะว่า** という形でいうこともあります。**เพิ่ง** は動詞の前に置いて「～したばかり、～したところ」などの意味を表わします。**หรือ** は文末に置いて「～なんですか？」という疑問文を作ります。

語句の説明

ที่~ ：〜して　　มารับ ：迎えに来る　　แต่ ：でも、しかし

รอ ：待つ　　นาน ：長い（時間的に）　　เพราะ~ ：〜だからです

เครื่องบิน ：飛行機　　ดิเลย์ ：（飛行機が）遅れる、ディレー

ขอโทษ ：ごめんなさい、申し訳ありません　　ไม่เป็นไร ：かまいません

จริงๆ แล้ว ：実は、本当は　　เพิ่ง~ ：〜したばかり、〜したところ

มา ：来る　　รถ ：車　　ติด ：（車が）込む

รถติด ：車が込む、渋滞する　　วันเสาร์ ：土曜日　　~ด้วย ：〜でもある

~หรือ ：〜なんですか？　　ทุกวัน ：毎日　　~เลย ：［強調］

◀ **ไม่เป็นไรค่ะ**

mâypenray khâʔ

マィペンラィ　カ

どういたしまして。

◀ **ไม่เป็นไรค่ะ จริงๆ แล้ว ดิฉันก็เพิ่งมาค่ะ**

mâypenray khâʔ　ciŋ ciŋ lɛ́ɛw　dichán kɔ̂ʔ phŵŋ maa khâʔ

マィペンラィ　カ　チング　チング　レーォ　ディチャン　コ　プング　マー　カ

เพราะรถติด

phrɔ́ʔ rót tit

プロ　ロト　ティト

かまいませんよ。実は、私も来たばかりです。車が込んだので。

สุนิสา

（スニサー）

◀ **ค่ะ ติดทุกวันเลยค่ะ**

khâʔ　tit thúk wan ləəy khâʔ

カ　ティト　トゥック　ワン　ルーィ　カ

はい。毎日込むんです。

発音のポイント

「〜なんですか？」という疑問文を作る **หรือ** は、文字通り発音すると rɯ̌ɯ ですが、その他にも rɯ́ʔ、rɤ̌ə、rɤ́ などのように発音されることもあります。ご自分で発音する場合には、あまり口を動かさずにすむ rɤ̌ə あたりが発音しやすいかもしれません。

●お詫び

本当に申し訳ありません。（女性）

ขอโทษจริงๆ ค่ะ
khɔ̌ɔ thôot ciŋ ciŋ khâ?

・全然かまいません。（男性）

ไม่เป็นไรเลยครับ
mâypenray ləəy khráp

遅れてすみません。（女性）

ขอโทษค่ะ ที่มาสาย
khɔ̌ɔ thôot khâ? thii maa sǎay

ご迷惑をおかけしてすみません。
（男性）

ขอโทษครับ ที่รบกวน
khɔ̌ɔ thôot khráp thii rópkuan

いい間違えました。（女性）

พูดผิดค่ะ
phûut phit khâ?

心配はいりません。（男性）

ไม่ต้องเป็นห่วงครับ
mây tɔ̂ŋ pen hùaŋ khráp

すみません、ちょっと通してください。（女性）

ขอโทษค่ะ ขอทางหน่อยค่ะ
khɔ̌ɔ thôot khâ? khɔ̌ɔ thaaŋ nɔ̀y khâ?

あやまらなければなりません。（男性）

ต้องขอโทษนะครับ
tɔ̂ŋ khɔ̌ɔ thôot ná? khráp

●お礼

どうもありがとうございます。（女性）

ขอบคุณมากค่ะ
khɔ̀ɔp khun mâak khâ?

わざわざ送りに来てくれてありがとうございます。（男性）

ขอบคุณครับ ที่อุตส่าห์มาส่ง
khɔ̀ɔp khun khráp thii ʔùtsàa maa sòŋ

私はとても嬉しく感じました。（女性）

ดิฉันรู้สึกดีใจมากค่ะ
dichán rúusùk diicay mâak khâ?

どのようにお礼をいったらいいかわかりません。（男性）

ไม่รู้จะขอบคุณอย่างไรดีครับ
mây rúu cà? khɔ̀ɔp khun yaŋŋay dii khráp

ワンポイント アドバイス

　　バンコクの渋滞はあまりにも有名です。基本的には移動手段が車に限られているために、短い距離でも考えられないほどの時間がかかることもあります。真夜中をのぞいては1日中、1年中渋滞していると考えておいたほうがよいかもしれません。人と約束をする場合、あるいは飛行機に乗る場合など、十分多めに時間をみておく必要があります。

《エクササイズ》

　　ขอบคุณ「ありがとう」、ขอโทษ「ごめんなさい」の後ろに ที่ を置いて文章を続けると、「～してくれてありがとう」、「～してごめんなさい」など、お礼やお詫びの理由をいうことができます。この際、文章を丁寧にする ค่ะ や ครับ などは通常 ขอบคุณ や ขอโทษ の後ろでいってしまい、その後で ที่ 以下をいいます。

例）ขอบคุณมากครับ ที่พามาเที่ยว 「遊びに連れてきてくれてどうもありがとうございます。」（男性）
　　khɔ̀ɔp khun mâak khráp　thii phaa maa thîaw

ขอโทษค่ะ ที่ทำให้รอนาน 「長いことお待たせして申し訳ありません。」（女性）
khɔ̌ɔ thôot khâʔ　thii tham hây rɔɔ naan

●基本会話の復習です。

●日本語の部分をタイ語で答えましょう。

1．A：ขอบคุณค่ะ ที่มารับ 　　　　　　　　　　B：どういたしまして。（男性）

2．A：遅れてすみません。（女性）　　　　　　　B：ไม่เป็นไรครับ

3．A：รอนานใช่ไหมคะ 　　　　　　　　　　　B：私も来たばかりです。（男性）

4．A：あやまらなければなりません。（女性）　　　B：ไม่เป็นไรครับ

5．A：わざわざ送りに来てくれてどうもありがとうございます。（男性）

　　B：ไม่เป็นไรค่ะ

 1．ไม่เป็นไรครับ　2．ขอโทษค่ะ ที่มาสาย　3．ผมก็เพิ่งมาครับ
4．ต้องขอโทษนะคะ　5．ขอบคุณมากครับ ที่อุตส่าห์มาส่ง

類別詞の用法

　タイ語の類別詞は、日本語の「〜冊、〜匹、〜台」などのことばに似たことばですが、用法は日本語のそれよりもずっと広く、場合によっては名詞と同じくらいの意味を担うなど、とても重要なことばです。

　類別詞の数については、名詞と類別詞とが同じ形をしているものもあるため、数えることはできませんが、日本語同様数多くあります。

　本来、名詞を覚える場合、いっしょに類別詞も覚えていくことが望ましいことになりますが、初心者にとっては負担が大きいので、よく使う単語で必要になった場合に少しずつ覚えていきましょう。

１）数える場合

　名詞を数える場合、名詞に直接数詞をつけることはできず、必ず類別詞が必要になります。

　　例）แมว ๒ ตัว mɛɛw sɔ̌ɔŋ tua「ネコ２匹」

　แมว「ネコ」、๒「2」、ตัว が「匹」にあたるネコに対する類別詞ですから、日本語と語順も同じで理解しやすいはずです。

２）動詞で名詞を修飾する場合

　動詞で名詞を修飾する場合には、原則として名詞と動詞の間に類別詞が必要になります。ただし、この場合の類別詞は省略されることもあります。

　　例）แมวตัวใหญ่ mɛɛw tua yày「大きなネコ」

　แมว「ネコ」と ใหญ่「大きい」の間に入っている ตัว がネコの類別詞で、直訳すれば「大きい匹のネコ」となります。原則として แมวใหญ่ のように「大きい」で直接「ネコ」を修飾することはできません。

　名詞の種類によっては、類別詞によって形や量などを特定できることもあります。

　　例）เบียร์ขวดเล็ก bia khùat lék「小瓶のビール」

　เบียร์ が「ビール」、เล็ก が「小さい」で、間に入っている ขวด は「瓶に入ったものに対する類別詞」です。ビールはいろいろなもので数えることができるわけですが、この場合には「瓶」で数え、それが「小さい」ということを表わすことができるわけです。

３）指示詞で名詞を修飾する場合

　指示詞（นี้「この」、นั้น「その、あの」、ไหน「どの」）で名詞を修飾する場合にも、原則としてこれらの指示詞と名詞との間に類別詞が必要になります。

　　例）หนังสือเล่มนี้ nǎŋsɯ̌ɯ lêm níi「この本」

　หนังสือ が「本」、นี้ が「この」ですが、間に入っている เล่ม が「本に対する類

別詞」で、直訳すると「この冊の本」のようになっています。

4）類別詞の独立用法

上の3つの用法をまとめてみると、

　　1）名詞＋数詞＋類別詞　2）名詞＋類別詞＋動詞　3）名詞＋類別詞＋指示詞

のような語順をとることがわかります。1）の場合の類別詞は省くことはできませんが、2）、3）の場合の類別詞はいわない場合もあります。

が、それとは逆に、2）、3）の場合に、前後関係などで既に名詞が何であるか、ということが明らかである場合にはむしろ名詞をいわずに、類別詞だけで話を進めることが普通です。その場合には、

　　2）類別詞＋動詞　3）類別詞＋指示詞

という語順になります。最初にちょっと触れたように、この場合には類別詞が本来の名詞と同じくらいの意味内容を担うこととなり、類別詞がわからないと話がまったくわからない、ということにもなってしまいます。

例）**คุณจะรับเบียร์ขวดใหญ่หรือขวดเล็ก** khun càʔ ráp bia khùat yày rɯ̌ɯ khùat lék

　　「あなたは大瓶のビールにしますか、それとも小瓶のビールにしますか？」

ดิฉันขอขวดเล็ก dichán khɔ̌ɔ khùat lék「私は小瓶をいただきます。」

質問の文で、大瓶のところでは **เบียร์**「ビール」ということばが出てきますが、この時点でビールについていっていることは明らかになりますから、小瓶について触れるところでは **ขวดเล็ก** と「類別詞＋小さい」となっていて「ビール」はいっていません。当然答えの文でも「ビール」のことをいっているのは明らかですから、やはり **เบียร์** ということばは現われません。

例）**หนังสือเล่มนี้กับเล่มนั้น คุณคิดว่าเล่มไหนสนุกกกว่ากัน**

náŋsɯ̌ɯ lêm níi kàp lêm nán　khun khít wâa lêm nǎy sanùk kwàa kan

　　「この本とあの本とでは、あなたはどちらのほうが面白いと思いますか？」

ผมคิดว่า เล่มนี้สนุกกว่า phǒm khít wâa lêm níi sanùk kwàa

　　「私はこの本のほうが面白いと思います。」

比較の疑問文は多少複雑ですが、最初に「本」について触れている「この本」のところでは **หนังสือเล่มนี้**「本＋類別詞＋この」となっていますが、「あの本」の時点では「本」の話だということは既にわかっていますから **เล่มนั้น**「類別詞＋あの」となっていて、「どちらのほう」というところも **เล่มไหน**「類別詞＋どの」となっていて **หนังสือ** はいっていません。答えの文章でも、「本」についての疑問文に対する答えであるわけですから、「この本」を **เล่มนี้**「類別詞＋この」で表現しており、**หนังสือ** は現われてきません。この場合には **เล่ม** ということばがほとんど「本」と同じくらいの意味を持っていることがわかると思います。

（経験と希望）
〜したことがある／〜したい

この課では、「〜したい」、「〜したことがある」などの表現を練習します。「〜したい」の否定は「〜したくない」ですから、いやなことを断わることもできます。また「〜したことがある、〜したことがない」などもいえるようになると、会話の幅は広がるはずです。

A
55

▶ **เคยทานอาหารไทยไหมคะ**

khəəy thaan ʔaahǎan thay máy khá?
クーィ ターン アーハーン タィ マィ カ

タイ料理を食べたことがありますか？

สุนิสา
（スニサー）

▶ **งั้น เย็นนี้จะไปทานด้วยกันไหมคะ**

ŋán yen níi cà? pay thaan dûay kan máy khá?
ンガン イェン ニー チャ パィ ターン ドゥーァィ カン マィ カ

じゃあ、今晩一緒に食べに行きましょうか？

▶ **อยากให้คุณทานอาหารไทยอร่อยๆ นะค่ะ**

yàak hây khun thaan ʔaahǎan thay ʔarɔ̀y ʔarɔ̀y nà? khá?
ヤーク ハィ クン ターン アーハーン タィ アロィ アロィ ナ カ

あなたにとてもおいしいタイ料理を食べて欲しいですよ。

解説　**เคย** は動詞の前に置いて「〜したことがある」という意味を表わします。否定は **ไม่เคย** で「〜したことがない」という意味になります。**เคย** を含んだ疑問文に答える場合、肯定ならば **เคย**、否定ならば **ไม่เคย** で答えることができます。**บ่อยๆ、อร่อยๆ、เร็วๆ** など、同じことばを重ねた場合には、通常元の意味が強調されます。**ว่า** は英語でいえば名詞節を作る that にあたるようなことばで、ここでは「**ได้ยินว่า~**」で「〜と聞く」という意味を表わします。**อยาก** は動詞の前に置いて「〜したい」という意味を表わします。**อยากจะ** と **จะ** を後ろにつけることもありますが、

เคย~ ：～したことがある　　**ทาน**：食べる

อาหารไทย：タイ料理　　**ไม่เคย~**：～したことがない

ได้ยิน：聞く、耳にする　　**บ่อย**：よく、頻繁に

ว่า~：～と、～ということを　　**อร่อย**：おいしい　　**มาก**：とても

ก็เลย：だから、それで　　**อยาก~**：～したい　　**งั้น**：じゃあ、では

เย็นนี้：今晩　　**~ด้วยกัน**：一緒に～　　**~ไหม**：～しましょうか？

ดี：いい、良い　　**อยากให้~**：～して欲しい、～させたい

ถึง：（時間に）なる、着く、達する　　**เร็ว**：早く

◀ **ไม่เคยครับ แต่ได้ยินบ่อยๆ ว่า อร่อยมาก**

mây khəəy khráp　tὲε dâyyin bɔ̀y bɔ̀y wâa ʔarɔ̀y mâak

マィ　クーィ　クラブ　テー　ダィイン　ボィ　ボィ　ワー　アロィ　マーク

ก็เลยอยากทานมากครับ

kɔ̂ʔ ləəy yàak thaan mâak khráp

コ　ルーィ　ヤーク　ターン　マーク　クラブ

ありません。でも、とてもおいしいとよく聞きます。だからとても食べたいです。

◀ **เย็นนี้หรือครับ ดีครับ**

yen níi rǔɯ khráp　dii khráp

イェン　ニー　ルー　クラブ　ディー　クラブ

今晩ですか？　いいですね。

川　本

◀ **อยากให้ถึงเย็นนี้เร็วๆ ครับ**

yàak hây thǔɯŋ yen níi rew rew khráp

ヤーク　ハィ　トゥング　イェン　ニー　レォ　レォ　クラブ

早く今晩になって欲しいです。

意味は変わりません。**ไม่อยาก (จะ)** で「～したくない」という意味を表わします。**ไหม**は文末に置いて「～ですか？」という疑問文を作ることばでしたが、ここでは「～しましょうか？」という意味を表わします。

　บ่อยๆ、**อร่อยๆ**、**เร็วๆ** など、同じことばを重ねた場合の発音は、基本的には同じことばを2回繰り返すわけですから、同じ発音を2度すればいいことになりますが、実際には1回目は短く、2回目は普通に発音される傾向にあります。

関連表現／使える表現

● 〜したことがある

日本へ行ったことがありますか？
（男性）

| เคยไปญี่ปุ่นไหมครับ
khəəy pay yîipùn máy khráp

・あります。（女性）

| เคยค่ะ
khəəy khâ?

・ありません。（女性）

| ไม่เคยค่ะ
mây khəəy khâ?

タイは、私は2回来たことがあります。（男性）

| เมืองไทย ผมเคยมา ๒ ครั้งครับ
muaŋ thay　phǒm khəəy maa sɔ̌ɔŋ khráŋ khráp

王宮前広場は、まだ行ったことがありません。（女性）

| สนามหลวง ยังไม่เคยไปค่ะ
sanǎam lǔaŋ　yaŋ mây khəəy pay khâ?

● 〜したい

トイレに入りたいです。（女性）

| อยากเข้าห้องน้ำค่ะ
yàak khâw hɔ̂ŋ náam khâ?

日本料理を食べたいですか？（男性）

| อยากทานอาหารญี่ปุ่นไหมครับ
yàak thaan ?aahǎan yîipùn máy khráp

・食べたいです。（女性）

| อยากทานค่ะ
yàak thaan khâ?

・食べたくないです。（女性）

| ไม่อยากทานค่ะ
mây yàak thaan khâ?

どこへ遊びに行きたいですか？（女性）

| อยากไปเที่ยวไหนคะ
yàak pay thîaw nǎy khá?

・プーケットへ遊びに行きたいです。（男性）

| อยากไปเที่ยวภูเก็ตครับ
yàak pay thîaw phuukèt khráp

銀行へ両替に行きたいです。（男性）

| อยากจะไปแลกเงินที่ธนาคารครับ
yàak cà? pay lɛ̂ɛk ŋən thîi thanaakhaan khráp

レンタカーを借りたいです。（男性）

| อยากจะเช่ารถครับ
yàak cà? châw rót khráp

อยากให้ の **ให้** は「〜させる」という使役の意味を表わすことばです。基本的な語順は「**ให้**(~) 動詞」で「(〜に/を) …させる」となります。
例) **เขาให้ดิฉันไปซื้อของค่ะ** 「彼は私を買い物に行かせます。(女性)」

《エクササイズ》

หรือ は「〜なんですか?」という疑問文を作ることばでしたが、軽い確認のために相手のいったことをそのまま繰り返すのによく用いられます。それを一番短くしたのが、以前に学んだ相づちを打つ場合です。

例) **เขาไปเมืองไทยทุกเดือนค่ะ**　　「彼は毎月タイへ行きます。」(女性)
　　kháw pay muaŋ thay thúk duan khâ?

　　เขาไปเมืองไทยทุกเดือนหรือครับ　「彼は毎月タイへ行くんですか?」(男性)
　　kháw pay muaŋ thay thúk duan rǔːu khráp

　　ไปเมืองไทยทุกเดือนหรือครับ　　「毎月タイへ行くんですか?」(男性)
　　pay muaŋ thay thúk duan rǔːu khráp

　　ไปทุกเดือนหรือครับ　　　　　「毎月行くんですか?」(男性)
　　pay thúk duan rǔːu khráp

　　ทุกเดือนหรือครับ　　　　　　「毎月なんですか?」(男性)
　　thúk duan rǔːu khráp

　　หรือครับ　　　　　　　　　「そうなんですか?」(男性)
　　rǔːu khráp

練習　復習しながら 話してみよう ★

●基本会話の復習です。

●日本語の部分をタイ語で答えましょう。

1. A：日本料理を食べたことがありますか?(男性)　　B：**ไม่เคยค่ะ**
2. A：**เย็นนี้จะไปทานอาหารไทยด้วยกันไหมครับ**　　B：今晩ですか?(女性)
3. A：**เคยไปเมืองไทยไหมคะ**　　　　　　　　　B：あります。(男性)
4. A：どこへ遊びに行きたいですか?(女性)　　　　B：**อยากไปเที่ยวภูเก็ตครับ**

解答
1. **เคยทานอาหารญี่ปุ่นไหมครับ**　2. **เย็นนี้หรือคะ**
3. **เคยครับ**　4. **อยากไปเที่ยวไหนคะ**

覚えておきたい重要語句③　曜日と年月日・季節の表現

１）曜日の表現

曜日の名前は以下の通りです。

日曜日	**วันอาทิตย์**	wan ʔaathít
月曜日	**วันจันทร์**	wan can
火曜日	**วันอังคาร**	wan ʔaŋkhaan
水曜日	**วันพุธ**	wan phút
木曜日	**วันพฤหัส**	wan phrúhàt
金曜日	**วันศุกร์**	wan sùk
土曜日	**วันเสาร์**	wan săw

＊**วัน** の部分は「日」という意味で、口語では省略することもあります。

＊日本語の「月・水・金」のような表現も同様にすることができます。

　　例）月・水・金　**จันทร์พุธศุกร์** can phút sùk

＊曜日をきくには **วันอะไร** wan ʔaray「何曜日」を用います。

２）月の表現

月の名前は以下の通りです。

1月	**(เดือน) มกรา (คม)** dwan mákaraa khom	7月	**(เดือน) กรกฎา (คม)** dwan karákadaa khom
2月	**(เดือน) กุมภา (พันธ์)** dwan kumphaa phan	8月	**(เดือน) สิงหา (คม)** dwan síŋhǎa khom
3月	**(เดือน) มีนา (คม)** dwan miinaa khom	9月	**(เดือน) กันยา (ยน)** dwan kanyaa yon
4月	**(เดือน) เมษา (ยน)** dwan meesǎa yon	10月	**(เดือน) ตุลา (คม)** dwan tùlaa khom
5月	**(เดือน) พฤษภา (คม)** dwan phrútsaphaa khom	11月	**(เดือน) พฤศจิกา (ยน)** dwan phrúutsacikaa yon
6月	**(เดือน) มิถุนา (ยน)** dwan míthùnaa yon	12月	**(เดือน) ธันวา (คม)** dwan thanwaa khom

＊いちばん長い形が（　）内を省かずにいう場合です。例）1月　**เดือนมกราคม**

＊**เดือน** は「月」という意味で、省くこともできます。例）1月　**มกราคม**

＊31日で終わる月は語尾が **คม**、30日で終わる月は語尾が **ยน**、2月はどちらでもないので **พันธ์** となっています。この部分は省くこともできます。例）1月　**เดือนมกรา**

＊いちばん短い形が前後の（ ）の部分を省いた形です。例）1月　**มกรา**
＊月をきく場合には**เดือนอะไร** duan ʔaray「何月」を用います。

3）年の表現

年のことは**ปี** pii といいます。

タイでは一般に仏暦が用いられています。西暦も通じないことはありませんが、仏暦のほうが正式で、また広く生活に浸透しています。仏暦は西暦に 543 年を足した年です。西暦のことは**คริสต์ศักราช** khrítsàkkaràat、仏暦のことは**พุทธศักราช** phútthasàkkaràat といいますが、通常それぞれ **ค.ศ.** khɔɔ sɔ̌ɔ、**พ.ศ.** phɔɔ sɔ̌ɔ と略していいます。

例）西暦 2000 年　**ปีค.ศ. ๒๐๐๐** pii khɔɔ sɔ̌ɔ sɔ̌ɔŋ phan
　　仏暦 2543 年　**ปีพ.ศ. ๒๕๔๓** pii phɔɔ sɔ̌ɔ sɔ̌ɔŋ phan hâa rɔ́ɔy sìi sìp sǎam

仏暦でも普通は下 2 桁をいうので、仏暦 2543 年であれば「43 年」といいますが、この場合には「4」と「3」をそのまま並べていいます。

例）**ปี ๔๓** pii sìi sǎam

4）日付の表現

日付をいう場合には、**วันที่** wan thîi ということばの後ろに数字を並べます。

例）14 日　**วันที่ ๑๔** wan thîi sìp sìi

日付をきく場合には、**วันที่เท่าไร** wan thîi thâwrày「何日」ということばを用います。

例）**วันนี้วันที่เท่าไร** wan níi wan thîi thâwrày「今日は何日ですか？」
　　วันนี้วันจันทร์ที่ ๑๔ เดือนกุมภาพันธ์ปีพ.ศ. ๒๕๔๓ wan níi wan can thîi sìp sìi duan kumphaaphan pii phɔɔ sɔ̌ɔ sɔ̌ɔŋ phan hâa rɔ́ɔy sìi sìp sǎam
　　「今日は仏暦 2543 年（西暦 2000 年）2 月 14 日の月曜日です。」

5）季節の表現

タイの季節は雨が降らず暑い暑季（3 月〜 5 月）、雨が降って暑い雨季（6 月〜11月）、雨が降らず比較的涼しい乾季（12 月〜 2 月）とに大別されます。

暑季	**ฤดูร้อน** rúuduu rɔ́ɔn、**หน้าร้อน** nâa rɔ́ɔn
雨季	**ฤดูฝน** rúuduu fǒn、**หน้าฝน** nâa fǒn
乾季	**ฤดูหนาว** rúuduu nǎaw、**หน้าหนาว** nâa nǎaw

ฤดู あるいは **หน้า** が「季節」にあたることばで、**หน้า** を用いたほうが口語的ないい方です。**ร้อน**、**ฝน**、**หนาว** はそれぞれ「暑い」、「雨」、「寒い」という意味です。

なお、タイにはありませんが、「春」、「秋」といういい方もあります。

春	**ฤดูใบไม้ผลิ** rúuduu bay máay phlìʔ
秋	**ฤดูใบไม้ร่วง** rúuduu bay máay rûaŋ

ใบไม้ が「葉」、**ผลิ** は「開く」、**ร่วง** は「落ちる」という意味です。

บทที่ 9

もう一度いっていただけますか

この課では、相手がいったことについて確認したり、聞き返したりする練習をします。相手のいうことが聞き取れなかったりした場合、遠慮しないで「もう一度いっていただけますか」といってみましょう。

▶ **พรุ่งนี้ตอนเย็น ไปร้องคาราโอเกะด้วยกันไหมคะ**

phrûŋ níi tɔɔn yen   pay rɔ́ɔŋ khaaraaʔookèʔ dûay kan máy kháʔ

プルング ニー トーン イェン　パイ ローング カラオケ ドゥーアイ カン マイ カ

明日の晩、一緒にカラオケを歌いに行きましょうか？

▶ **พูดว่า "พรุ่งนี้ไปร้องคาราโอเกะดีไหม" นะค่ะ**

phûut wâa phrûŋ níi pay rɔ́ɔŋ khaaraaʔookèʔ dii máy nàʔ khâʔ

プート ワー プルング ニー パイ ローング カラオケ ディー マイ ナ カ

「明日、カラオケを歌いに行くのはどうですか？」といったのですよ。

สุนิสา
スニサー

▶ **ใช่ค่ะ เดี๋ยวนี้คนไทยก็ชอบมากนะคะ**

chây khâʔ   diaw níi khon thay kɔ̂ʔ chɔ̂ɔp mâak náʔ kháʔ

チャイ カ　ディーアオ ニー コン タイ コ チョープ マーク ナ カ

そうですよ。現在は、タイ人もとても好きなんですよ。

解説　　~**ได้ไหม** は「～してもいいですか？」という意味ですでに学びましたが、「～していただけますか？」という意味でも用いることができます。**ครั้ง** は「回」を表わす類別詞、**หนึ่ง** は「1」です。2以上の数については「数詞＋類別詞」という語順になりますが、1の場合はこのように1を類別詞の後ろに置くいい方もあります。**อีก** は「もう、あと」ですから、**อีกครั้งหนึ่ง** で「もう一度」となります。**ก็ได้** は、前に名詞が置かれた場合には「～でもいい」、動詞句が置かれた場合には「～してもいい」という意味を表わします。**ไม่ได้** を動詞句の前に置くと「～していない」、または「～しなかった」という意味を表わします。

พรุ่งนี้ : 明日　　ตอนเย็น : 晩、夕方　　ร้อง : 歌う

คาราโอเกะ : カラオケ　　โทษ : すみません（ちょっとくだけた場合）

พูด : いう、話す　　อีกครั้งหนึ่ง : もう一度

~ได้ไหม : ～していただけますか？　　พูดว่า~ : ～という、～と話す

~ดีไหม : ～するのはどうですか？　　อ๋อ : ああ（そうですか）

ภาษาญี่ปุ่น : 日本語　　เดี๋ยวนี้ : 現在

ชอบ : 好きである　　~ก็ได้ : ～してもいい、～でもいい

ไม่ได้~ : ～していない　　~นานแล้ว : ～して長い

◀ **โทษนะครับ พูดอีกครั้งหนึ่งได้ไหมครับ**

thôot náʔ khráp　phûut ʔìik khráŋ nuŋ dâay máy khráp

トート　ナ　クラブ　　プート　イーク　クラング　ヌング　ダーイ　マイ　クラブ

すみません。もう一度いっていただけますか？

◀ **อ๋อ "คาราโอเกะ" ภาษาญี่ปุ่นใช่ไหมครับ**

ʔɔ̌ɔ　khaaraaʔookèʔ　phaasǎa yîipùn chây máy khráp

オー　カラオケ　　バーサー　イーブン　チャイ　マイ　クラブ

ああ、「カラオケ」。日本語ですね？

川　本

◀ **ไปก็ได้ครับ ไม่ได้ไปร้องนานแล้วครับ**

pay kɔ̂ʔ dâay khráp　mây dây pay rɔ́ɔŋ naan lɛ́ɛw khráp

パイ　コ　ダーイ　クラブ　　マイ　ダイ　バイ　ローング　ナーン　レーオ　クラブ

行ってもいいですよ。もう長いこと歌いに行っていません。

　　「1」の **หนึ่ง** は本来の声調は nùŋ と低声ですが、類別詞の後ろに置かれた場合には通常 nuŋ のように平声で発音されます。綴りの上では同じように **หนึ่ง** で書きます。場合によってはどちらの声調であるかによって意味が異なることがあるので注意しましょう。

　　例) **วันหนึ่ง** wan nuŋ「1日」、wan nùŋ「ある日」

関連表現／使える表現

●確認

そうですか？（男性）	**หรือครับ** rɯ̌ɯ khráp
そうですよね？（女性）	**ใช่ไหมคะ** chây máy khá?
ここは何と書いてありますか？（男性）	**ที่นี่เขียนว่าอะไรครับ** thîi nîi khǐan wâa ʔaray khráp
一緒に行ってもいいですか？（女性）	**ไปด้วยได้ไหมคะ** pay dûay dâay máy khá?
来週の土曜日はお暇ですか？（男性）	**เสาร์หน้าว่างไหมครับ** sǎw nâa wâaŋ máy khráp
・暇です。（女性）	**ว่างค่ะ** wâaŋ khâ?
・あいにくもう約束があります。（女性）	**พอดีมีนัดแล้วค่ะ** phɔɔdii mii nát lɛ́ɛw khâ?

●聞き返し

どうかちょっとゆっくり話していただけますか？（男性）	**กรุณาพูดช้าๆ หน่อยได้ไหมครับ** karunaa phûut cháa cháa nɔ̀y dâay máy khráp
ちょっと書いてください。（女性）	**ช่วยเขียนให้หน่อยค่ะ** chûay khǐan hây nɔ̀y khâ?
このことばはどういう意味ですか？（男性）	**คำนี้ แปลว่าอะไรครับ** kham níi plɛɛ wâa ʔaray khráp
さっき、何といったのですか？（男性）	**เมื่อกี้ พูดว่าอะไรครับ** mɯ̂a kíi phûut wâa ʔaray khráp
わかりますか？（女性）	**เข้าใจไหมคะ** khâwcay máy khá?
・わかります。（男性）	**เข้าใจครับ** khâwcay khráp
・わかりません。（男性）	**ไม่เข้าใจครับ** mây khâwcay khráp

「～していただけますか？」という場合、通常は「**～ได้ไหม**」といういい方で十分ですが、より丁寧にいいたい場合には動詞句の前に「どうか」にあたる **กรุณา** を置きます。逆にそれほど丁寧にいう必要がない場合には動詞句の前に **ช่วย** を、後ろに **ให้หน่อย** を置いて「ちょっと～してください」ということもできます。

《エクササイズ》

上で書いた **ให้หน่อย** の **ให้** は、「～してあげる、～してくれる」という意味を表わしています。主語が１人称の場合には「～してあげる」、それ以外の場合には「～してくれる」となります。

例）**ดิฉันจะสอนภาษาญี่ปุ่นให้ค่ะ**　　「私が日本語を教えてあげます。」（女性）
　　dichán cǎ? sɔ̌ɔn phaasǎa yiipùn hây khâ?

　　เขาซื้อขนมมาให้ครับ　　　　「彼／彼女はお菓子を買ってきてくれました。」（男性）
　　kháw súu khanǒm maa hây khráp

「ちょっと～してください」という場合は、主語が２人称の場合ですが、主語はいわないこともあります。**ช่วย** は本来「助ける、手伝う」という意味ですが、この場合には **ช่วย～ให้หน่อย** で「ちょっと～してください」と考えてください。

　　(คุณ) ช่วยแปลประโยคนี้เป็นภาษาญี่ปุ่นให้หน่อยค่ะ
　　(khun) chûay plɛɛ prayòok níi pen phaasǎa yiipùn hây nɔ̀y khâ?
　　「（あなたは）ちょっとこの文を日本語に訳してください。」（女性）

練習　復習しながら 話してみよう

●基本会話の復習です。

●日本語の部分をタイ語で答えましょう。

1．A：**พรุ่งนี้ตอนเย็น ไปร้องคาราโอเกะด้วยกันไหมคะ**
　　B：もう一度いっていただけますか？（男性）

2．A：ここは何と書いてありますか？（女性）　　B："คาราโอเกะ" ครับ

3．A：**เดี๋ยวนี้คนไทยก็ชอบคาราโอเกะมากนะคะ**
　　B：どうかちょっとゆっくり話していただけますか？（男性）

4．A：来週の土曜日はお暇ですか？（女性）　　B：**พอดีมีนัดแล้วครับ**

5．A：わかりますか？（男性）　　B：**เข้าใจค่ะ**

> 解
> 答
> 1．พูดอีกครั้งหนึ่งได้ไหมครับ　2．ที่นี่เขียนว่าอะไรคะ
> 3．กรุณาพูดช้าๆ หน่อยได้ไหมครับ　4．เสาร์หน้า ว่างไหมคะ　5．เข้าใจไหมครับ

覚えておきたい重要語句④ 基本的な動詞

起きる	ตื่น tùɯɯn	太い、太っている	อ้วน ʔûan
顔を洗う	ล้างหน้า láaŋ nâa	細い、やせている	ผอม phɔ̌ɔm
手を洗う	ล้างมือ láaŋ mɯɯ	低い	ต่ำ tàm
歯を磨く	แปรงฟัน prɛɛŋ fan	小さい	เล็ก lék
ごはんを食べる	ทานข้าว thaan khâaw	少ない	น้อย nɔ́ɔy
トイレに入る	เข้าห้องน้ำ khâw hɔ̂ŋ náam	長い	ยาว yaaw
聞く	ฟัง faŋ	短い	สั้น sân
会う	เจอ cəə	重い	หนัก nàk
読む	อ่าน ʔàan	軽い	เบา baw
押す	ผลัก phlàk	古い	เก่า kàw
引く	ดึง dɯŋ	美しい	สวย sǔay
覚える	จำ cam	可愛い	น่ารัก nâarák
悲しい	เสียใจ sǐa cay	清潔な	สะอาด saʔàat
興味がある	สนใจ sǒn cay	汚い	สกปรก sòkkapròk
注意する	ระวัง rawaŋ	暖かい	อุ่น ʔùn
決心する	ตัดสินใจ tàtsǐn cay	寒い	หนาว nǎaw
答える	ตอบ tɔ̀ɔp	甘い	หวาน wǎan
忙しい	ยุ่ง yûŋ	辛い	เผ็ด phèt
難しい	ยาก yâak	酸っぱい	เปรี้ยว priaw
易しい	ง่าย ŋâay	塩辛い	เค็ม khem

チェックタイム③

●第7課から第9課の復習です。以下の問題にチャレンジしましょう。

1. 次の文を日本語に訳しましょう。

① รอนานใช่ไหมคะ/ครับ ขอโทษนะคะ/ครับ

② เคยทานอาหารไทยไหมคะ/ครับ

③ คำนี้ แปลว่าอะไรคะ/ครับ

2. 次の文をタイ語で発音しましょう。

①どういたしまして。

②トイレに入りたいです。

③もう一度いっていただけますか？

3. タイ語で次の質問に答えましょう。

① เคยไปเมืองไทยไหมคะ/ครับ

② อยากไปเที่ยวไหนคะ/ครับ

③ เข้าใจไหมคะ/ครับ

解答

1. ①長いことお待ちになったでしょう？　申し訳ありません。
   ②タイ料理を食べたことがありますか？
   ③このことばはどういう意味ですか？

2. ①ไม่เป็นไรค่ะ/ครับ
   ②อยากเข้าห้องน้ำค่ะ/ครับ
   ③พูดอีกครั้งหนึ่ง ได้ไหมคะ/ครับ

3. ①เคยค่ะ/ครับ／ไม่เคยค่ะ/ครับ
   ②อยากไปเที่ยว (ภูเก็ต) ค่ะ/ครับ
   ③เข้าใจค่ะ/ครับ／ไม่เข้าใจค่ะ/ครับ

　このテストは、Ⅰ.日常会話の全9課で学んだことがきちんと身についているかどうかを自己診断するものです。解答例はあくまでも参考です。あなた自身の答えを話せるようにがんばりましょう。

 CD のタイ語による会話を聞き取り、タイ語で素早く応答しましょう。

1. สวัสดีค่ะ/ครับ

2. สบายดีหรือคะ/ครับ

3. ทานข้าวหรือยังคะ/ครับ

4. จะไปไหนคะ/ครับ

5. จะไปทำอะไรคะ/ครับ

6. ไปอย่างไรคะ/ครับ

7. คุณเป็นคนญี่ปุ่นใช่ไหมคะ/ครับ

8. คุณชื่ออะไรคะ/ครับ

9. บ้านอยู่ที่ไหนคะ/ครับ

10. อายุเท่าไรคะ/ครับ

11. แต่งงานหรือยังคะ/ครับ

12. ทำงานอะไรคะ/ครับ

13. นี่อะไรคะ/ครับ

14. นี่ภาษาญี่ปุ่นเรียกว่าอะไรคะ/ครับ

15. ปลา ภาษาญี่ปุ่นเรียกว่าอะไรคะ/ครับ

16. นี่ของใครคะ/ครับ

17. ที่นี่สูบบุหรี่ได้ไหมคะ/ครับ

18. คุณไม่สูบบุหรี่ใช่ไหมคะ/ครับ

19. ขอใช้โทรศัพท์หน่อยได้ไหมคะ/ครับ

20. ขอบคุณค่ะ/ครับ ที่มารับ

21. ขอโทษค่ะ/ครับ ที่รบกวน

22. เคยทานอาหารไทยไหมคะ/ครับ

23. เคยไปเมืองไทยไหมคะ/ครับ

24. อยากทานอาหารไทยไหมคะ/ครับ

25. อยากไปเที่ยวไหนคะ/ครับ

26. เสาร์หน้า ว่างไหมคะ/ครับ

27. เข้าใจไหมคะ/ครับ

[解答例]

※各設問の解答例の後ろに何課で学習したことかを記してあります。十分な応答ができなかった設問については、それぞれの課に戻って復習しましょう。

1. สวัสดีค่ะ/ครับ ⟶ 第1課

2. สบายดีค่ะ/ครับ ⟶ 第1課

3. ทานแล้วค่ะ/ครับ ⟶ 第1課

4. จะไปบริษัทค่ะ/ครับ ⟶ 第2課

5. จะไปทำงานค่ะ/ครับ ⟶ 第2課

6. นั่งรถไฟฟ้าไปค่ะ/ครับ ⟶ 第 2 課

7. ใช่ค่ะ/ครับ ⟶ 第 3 課

8. ดิฉันชื่อนัทซุโกะค่ะ ／ ผมชื่อทานากะครับ ⟶ 第 3 課

9. บ้านอยู่ที่โตเกียวค่ะ/ครับ ⟶ 第 3 課

10. อายุ ๒๘ ค่ะ/ครับ ⟶ 第 3 課

11. แต่งงานแล้วค่ะ/ครับ ⟶ 第 3 課

12. ทำงานบริษัทค่ะ/ครับ ⟶ 第 3 課

13. นี่ดินสอค่ะ/ครับ ⟶ 第 5 課

14. เรียกว่า "เคะชิโงะมุ" ค่ะ/ครับ ⟶ 第 5 課

15. เรียกว่า "ซากะนะ" ค่ะ/ครับ ⟶ 第 5 課

16. ของอาจารย์ค่ะ/ครับ ⟶ 第 5 課

17. ไม่ได้ค่ะ/ครับ ⟶ 第 6 課

18. ดิฉัน/ผมสูบบุหรี่ไม่เป็นค่ะ/ครับ ⟶ 第 6 課

19. เชิญตามสบายค่ะ/ครับ ⟶ 第 6 課

20. ไม่เป็นไรค่ะ/ครับ ⟶ 第 7 課

21. ไม่เป็นไรค่ะ/ครับ ⟶ 第 7 課

22. เคยค่ะ/ครับ ⟶ 第 8 課

23. ไม่เคยค่ะ/ครับ ⟶ 第 8 課

24. อยากทานมากค่ะ/ครับ ⟶ 第 8 課

25. อยากไปเที่ยวภูเก็ตค่ะ/ครับ ⟶ 第 8 課

26. ว่างค่ะ/ครับ ⟶ 第 9 課

27. เข้าใจค่ะ/ครับ ⟶ 第 9 課

海外旅行で役に立つ場面別
Ⅱ.旅行会話

บทที่ **10** 機内で

บทที่ **11** タクシーに乗る

บทที่ **12** 電話をかける

บทที่ **13** 宿泊手続き

บทที่ **14** レストランへ行く

บทที่ **15** 銀行で両替する

บทที่ **16** バスに乗る

บทที่ **17** 道を尋ねる

บทที่ **18** 観光する

บทที่ **19** レンタカーを借りる

บทที่ **20** 服を買う

บทที่ **21** サンデーマーケットへ行く

บทที่ **22** 体調を崩す

บทที่ **23** リコンファーム

บทที่ **24** 空港での別れ

機内で

最近は、日本とタイとを結ぶ路線では、タイ国際航空以外の航空会社でもタイ人乗務員を乗せていることが多くなっています。タイに行く場合、いちばん最初に接するタイ人はタイ人乗務員です。思い切って、いろいろ話してみましょう。

▶ **ขอโทษครับ มีหนังสือพิมพ์ภาษาญี่ปุ่นไหมครับ**

khɔ̌ɔ thôot khráp　mii náŋsɯ̌ɯphim phaasǎa yiipùn máy khráp
コー　トート　クラブ　ミー　ナングスーピム　パーサー　イープン　マィ　クラブ

すみません。日本語の新聞はありますか？

▶ **หรือครับ ถ้างั้น ไม่เป็นไรครับ ไม่เอาครับ**

rɯ̌ɯ khráp　thâa ŋán　mâypenray khráp　mây ʔaw khráp
ルー　クラブ　ターンガン　マィペンラィ　クラブ　マィ　アオ　クラブ

そうですか。では結構です。いりません。

▶ **ไม่หรอกครับ เออ ได้ยินว่า**

mây rɔ̀ɔk khráp　ʔəə　dâyyin wâa
マィ　ローク　クラブ　ウー　ダィイン　ワー

ตอนนี้ที่เมืองไทยอากาศเย็นใช่ไหมครับ

tɔɔn níi thîi mɯaŋ thay ʔaakàat yen chây máy khráp
トーン　ニー　ティー　ムーアング　タィ　アーカート　イェン　チャィ　マィ　クラブ

そんなことはないですよ。えーと、耳にしたのですが、今タイでは気候は涼しいんですよね？

田　中

▶ **ค่อยโล่งใจหน่อยครับ เพราะผมชอบอากาศร้อนมากกว่าอากาศเย็น**

khɔ̂y lôoŋ cay nɔ̀y khráp　phrɔ́ʔ phǒm chɔ̂ɔp ʔaakàat rɔ́ɔn mâak kwàa ʔaakàat yen
コィ　ローング　チャィ　ノィ　クラブ　プロ　ポム　チョープ　アーカート　ローン　マーク　クワー　アーカート　イェン

少しホッとしました。私は涼しい気候よりも暑い気候のほうが好きだからです。

解説

　กว่า は動詞の後ろに置いて「より～」という比較級を作ります。比較の対象となるものをこの **กว่า** の後ろに置けば「…より～」となります。**มาก**「多い」に対して **มากกว่า** で「より多い」、**ชอบอากาศ**

語 句 の 説 明	

แต่~ ：〜だけ　　มีแต่~ ：〜しかない　　และ ：そして、と
ภาษาอังกฤษ ：英語　　รับ ：もらう、いただく（丁寧）　　ถ้างั้น ：では
ไม่เป็นไร ：結構です　　เอา ：いる　　เก่ง ：上手である　　เหมือน ：同じ
ไม่หรอก ：そんなことはない　　เออ ：えーと、えー
ได้ยิน ：耳にする、聞く　　ได้ยินว่า~ ：〜と耳にする、〜と聞く
ตอนนี้ ：今　　ที่~ ：〜では　　อากาศ ：気候　　เย็น ：涼しい
~แล้ว ：もう〜した　　ร้อน ：暑い　　ค่อย ：少し　　โล่งใจ ：ホッとする
มาก ：多い　　~กว่า ：より〜　　แปลก ：変わった、奇妙な

◀ **มีแต่หนังสือพิมพ์ภาษาไทยและภาษาอังกฤษค่ะ รับไหมคะ**

mii tɛ̀ɛ náŋsǔuphim phaasǎa thay lɛ́ʔ phaasǎa ʔaŋkrìt khâʔ ráp máy kháʔ
ミー　テー　ナングスーピム　パーサー　タィ　レ　パーサー　アングクリト　カ　ラプ　マィ　カ
タイ語と英語の新聞しかありません。いりますか？

◀ **พูดภาษาไทยเก่งมากนะคะ พูดเหมือนคนไทย**

phûut phaasǎa thay kèŋ mâak náʔ kháʔ phûut mǔuan khon thay
プート　パーサー　タィ　ケング　マーク　ナ　カ　プート　ムーァン　コン　タィ
タイ語を話すのがとても上手ですね。タイ人と同じです。

◀ **ตอนนี้ ไม่เย็นแล้วค่ะ ร้อนเหมือนเดิมนะคะ**

tɔɔn nii mây yen lɛ́ɛw khâʔ rɔ́ɔn mǔuan dəəm náʔ kháʔ
トーン　ニー　マィ　イェン　レーォ　カ　ローン　ムーァン　ドゥーム　ナ　カ
今はもう涼しくありません。相変わらず暑いですよ。

スチュワーデス

◀ **แปลกนะคะ คนไทยไม่มีใครชอบอากาศร้อนนะคะ**

plɛ̀ɛk náʔ kháʔ khon thay mây mii khray chɔ̂ɔp ʔaakàat rɔ́ɔn náʔ kháʔ
プレーク　ナ　カ　コン　タィ　マィ　ミー　クラィ　チョープ　アーカート　ローン　ナ　カ
変わっていますね。タイ人は暑い気候が好きな人は誰もいませんよ。

ร้อนมากกว่า では「暑い気候を好きなほうが多い→暑い気候のほう
がより好き」、**ชอบอากาศร้อนมากกว่าอากาศเย็น** で「暑い気候のほ
うが涼しい気候より好き」となります。

関連表現／使える表現

● 乗務員と

毛布をいただけますか？（男性）

ขอผ้าห่มหน่อยได้ไหมครับ
khɔ̌ɔ phâa hòm nɔ̀y dâay máy khráp

・少々お待ちください。（女性）

รอสักครู่ค่ะ
rɔɔ sák khrûu khâ?

水割りをいただけますか？（女性）

ขอวิสกี้น้ำได้ไหมคะ
khɔ̌ɔ witsakîi náam dâay máy khá?

・今お持ちします。（男性）

เดี๋ยวเอามาให้ครับ
dǐaw ʔaw maa hây khráp

ワインはいかがですか？（女性）

รับไวน์ไหมคะ
ráp waay máy khá?

ホットコーヒーをもう一杯いかがですか？（男性）

รับกาแฟร้อนอีกไหมครับ
ráp kaafɛɛ rɔ́ɔn ʔìik máy khráp

・いただきます。（女性）

เอาค่ะ
ʔaw khâ?

・いりません。（女性）

ไม่เอาค่ะ
mây ʔaw khâ?

頭痛がするのですが、鎮痛剤はありますか？（男性）

รู้สึกปวดหัว มียาแก้ปวดไหมครับ
rúusùk pùat hǔa mii yaa kɛ̂ɛ pùat máy khráp

免税品の販売はありますか？（女性）

มีของปลอดภาษีขายไหมคะ
mii khɔ̌ɔŋ plɔ̀ɔt phaasǐi khǎay máy khá?

どうかベルトをおしめください。（女性）

กรุณารัดเข็มขัดนะคะ
karunaa rát khěm khàt ná? khá?

バンコクに着くのは何時頃ですか？（女性）

ไปถึงกรุงเทพฯ ตอนกี่โมงคะ
pay thǔŋ kruŋthêep tɔɔn kìi mooŋ khá?

● 税関で

何か申告するものはありますか？（男性）

มีอะไรจะแจ้งไหมครับ
mii ʔaray cà? cɛ̂ɛŋ máy khráp

・ありません。（女性）

ไม่มีค่ะ
mây mii khâ?

・これは自分で使います。（女性）

นี่เอามาใช้เองค่ะ
nîi ʔaw maa cháy ʔeeŋ khâ?

・これは友人へのプレゼントです。（女性）

นี่ของขวัญให้กับเพื่อนค่ะ
nîi khɔ̌ɔŋ khwǎn hây kàp phʉ̂an khâ?

〈異常気象〉タイの季節は、雨が降らずとても暑い3月～5月の暑季、雨が降り暑季よりは多少涼しいがそれでも暑い6月～11月の雨季、雨が降らず朝晩わりあい涼しいが昼間はやはり暑い12月～2月の乾季とに分かれます。しかし、近年の世界的な異常気象はタイでも例外ではなく、雨季以外の時期であるのに雨が降ったり、雨季であるのに雨が降らなかったり、あるいは本来ならば考えられないほど異常に気温が下がったり、など、本来の季節分けは当てはまらなくなってきています。

《関連単語ブック》

航空会社： **สายการบิน** sǎay kaan bin

フライト、便： **เที่ยวบิน** thîaw bin　　座席： **ที่นั่ง** thîi nâŋ

非常口： **ทางออกฉุกเฉิน** thaaŋ ʔɔ̀ɔk chùk chɤ̌ɤn

スーツケース： **กระเป๋าเดินทาง** krapǎw dɤɤn thaaŋ

パスポート： **พาสปอร์ต** pháatsapɔ̀ɔt

ビザ： **วีซ่า** wiisâa　　航空券： **ตั๋วเครื่องบิน** tǔa khrûaŋ bin

税関： **ด่านศุลกากร** dàan sǔnlakaakɔɔn

税金を払う： **เสียภาษี** sǐa phaasǐi

 復習しながら 話してみよう

●基本会話の復習です。

●日本語の部分をタイ語で答えましょう。

1．A：日本語の新聞はありますか？（女性）

　　B： **มีแต่หนังสือพิมพ์ภาษาไทยและภาษาอังกฤษครับ**

2．A：タイ語を話すのがとても上手ですね。（男性）　　B： **ไม่หรอกค่ะ**

3．A： **ได้ยินว่า ตอนนี้ที่เมืองไทยอากาศเย็นใช่ไหมครับ**

　　B：今はもう涼しくありません。（女性）

4．A： **รับกาแฟร้อนอีกไหมคะ**　　　　　　　　　　B：いりません。（男性）

5．A：水割りをいただけますか？（女性）　　　　　B： **รอสักครู่ครับ**

解答 1. **มีหนังสือพิมพ์ภาษาญี่ปุ่นไหมคะ**　2. **พูดภาษาไทยเก่งมากนะครับ**

3. **ตอนนี้ไม่เย็นแล้วค่ะ**　4. **ไม่เอาครับ**　5. **ขอวิสกี้น้ำได้ไหมคะ**

บทที่ 11
タクシーに乗る

昔はタクシーに乗るには値段の交渉が必要でしたが、今ではバンコクのタクシーの
ほとんどにメーターがついていますから、メーターを使うことだけ確認すれば、あ
とは特に難しい会話は必要ありません。運転手さんと世間話を楽しんでください。

▶ **ไปพันธ์ทิพย์พลาซ่าค่ะ ใช้มิเตอร์ใช่ไหมคะ**

pay phanthíp phlaasâa khâ?　cháy mítɔ̂ə chây máy khá?
パイ　パンティプ　プラーサー　カ　チャイ　ミトゥー　チャイ　マイ　カ

バンティップ・プラザへ行ってください。メーターを使いますよね？

▶ **ใช่ค่ะ ใกล้ๆ ประตูน้ำค่ะ ใช้เวลาสักเท่าไรคะ**

chây khâ?　klây klây pratuu náam khâ?　cháy weelaa sák thâwrày khá?
チャイ　カ　クライ　クライ　プラトゥー　ナーム　カ　チャイ　ウェーラー　サク　タオライ　カ

そうです。プラトゥー・ナームの近くです。時間はどのくらいかかりますか？

▶ **ใกล้จะถึงแล้วค่ะ ตกลงไม่ค่อยติดเท่าไรนะคะ**

klây cà? thʉ̌ŋ lɛ́ɛw khâ?　tòk loŋ mây khɔ̌y tit thâwrày ná? khá?
クライ　チャ　トゥング　レーオ　カ　トク　ロング　マイ　コイ　ティット　タオライ　ナ　カ

もうすぐ着きます。結局あまりたいして込まなかったですね。

佐々木

▶ **๑๓๘ บาทหรือคะ เอาไป ๑๕๐ ก็แล้วกัน ไม่ต้องทอนค่ะ**

rɔ́ɔy sǎam sip pèet bàat rʉ̌ɯ khá?　?aw pay rɔ́ɔy hâa sip kɔ̂? lɛ́ɛw kan　mây tɔ̂ŋ thɔɔn khâ?
ローイ　サーム　スィブ　ベート　バート　ルー　カ　アォ　パイ　ローイ　ハー　スィブ　コ　レーオ　カン　マイ　トング　トーン　カ

138 バーツですか。150 とってください。おつりはいりません。

解
説

　「ไป~」で「~へ行ってください」ということができます。地名はきちんと伝わる
よう発音を確認しておきましょう。「ใกล้~」で「~の近く」を表わします。แล้วแต่~ は
「~次第」という意味を表わします。ไม่ค่อย~ は「あまり~ない」、ไม่~เท่าไร は「たい

Ⅱ 旅行会話　**86**　第11課

พันธ์ทิพย์พลาซ่า：パンティップ・プラザ（コンピュータ関係のショッピングセンター）
มิเตอร์：メーター　　ถนน：通り　　เพชรบุรี：ペップリー（通りの名前）
ใกล้：近く、近い　　ประตูน้ำ：プラトゥー・ナーム(地名)　　ใช้เวลา：時間がかかる
สัก~：～ほど　　เท่าไร：いくら　　รู้：知る、わかる　　เหมือนกัน：同様に、やはり
แล้วแต่~：～次第　　~หรือเปล่า：～かどうか、～ですか？　　ตกลง：結局
ไม่ค่อย~：あまり～ない　　ไม่~เท่าไร：たいして～ない　　โชคดี：運がいい、ラッキーな
ปกติ：通常は、普通は　　อย่างนี้：このような、このように　　บาท：バーツ
~ก็แล้วกัน：～ということにしよう　　ทอน：おつりを出す

◀ ใช้ครับ พันธ์ทิพย์พลาซ่า… อยู่ถนนเพชรบุรีใช่ไหมครับ

cháy khráp　phanthíp phlaasâa　yùu thanǒn phétburii chây máy khráp
チャイ　クラブ　パンティプ　プラーサー　ユー　タノン　ペトブリー　チャイ　マイ　クラブ

使いますよ。パンティップ・プラザ･･･ ペップリー通りですね？

◀ ผมก็ไม่รู้เหมือนกันครับ แล้วแต่รถจะติดหรือเปล่า

phǒm kɔ̂ʔ mây rúu mǔan kan khráp　lɛ́ɛw tɛ̂ɛ rót cǎʔ tit rǔplàaw
ポム　コ　マイ　ルー　ムーアン　カン　クラブ　レーォ　テー　ロト　チャ　ティト　ルブラーォ

私にもわかりません。車が込むかどうか次第です。

タクシー運転手

◀ โชคดีครับ ปกติไม่เป็นอย่างนี้เลย

chôok dii khráp　pàkatiʔ mây pen yaŋŋii ləəy
チョーク　ディー　クラブ　パカティ　マイ　ペン　ヤンゲンギー　ルーイ

ラッキーですよ。普通は全然こんなではないです。

◀ ขอบคุณมากครับ

khɔ̀ɔp khun mâak khráp
コープ　クン　マーク　クラブ

どうもありがとうございます。

して～ない」で、ไม่ค่อย~เท่าไร は「あまりたいして～ない」という意味になります。
ก็แล้วกัน は、交渉や話し合いをしている場合によく使うことばですが、双方とも不満
は残るけれども「このあたりでこういうことにしよう」という場合に用います。

関連表現／使える表現

● 運転手さんと

メーターは使わないのですか？（男性）

ไม่ใช้มิเตอร์หรือครับ
mây cháy mítɔ̀ɔ rɯ̌ɯ khráp

スクムウィット（通り）のソーイの
42へ行ってください。（女性）

ไปสุขุมวิท ซอย ๔๒ ค่ะ
pay sukhǔmwit sɔɔy sìi sìp sɔ̌ɔŋ khâʔ

・奥まで入らなければなりません？（男性）

ต้องเข้าไปลึกหรือเปล่าครับ
tɔ̂ŋ khâw pay lɯ́k rɯ́plàaw khráp

・ソーイの入り口です。（女性）

ปากซอยค่ะ
pàak sɔɔy khâʔ

いくらで行ったことがありますか？
（男性）

เคยไปเท่าไรครับ
khəəy pay thâwray khráp

・70バーツで行ったことがあります。（女性）

เคยไป ๗๐ บาทค่ะ
khəəy pay cèt sìp bàat khâʔ

ちょっとゆっくり運転してください。（男性）

ขับช้าๆ หน่อยครับ
khàp cháa cháa nɔ̀y khráp

急ぐ必要はありませんよ。（女性）

ไม่ต้องรีบนะคะ
mây tɔ̂ŋ rîip náʔ khá

左に寄っておいてください。（女性）

ชิดซ้ายไว้นะคะ
chít sáay wáy náʔ khá

次の信号でUターンしてください。
（男性）

กลับรถที่ไฟแดงหน้าครับ
klàp rót thîi fay dɛɛŋ nâa khráp

ロータリーの手前です。（女性）

ก่อนจะถึงวงเวียนค่ะ
kɔ̀ɔn càʔ thɯ̌ŋ woŋwian khâʔ

交差点を渡ってもう少し行ったところです。（男性）

เลยสี่แยกไปอีกหน่อยครับ
ləəy sìi yɛ̂ɛk pay ʔìik nɔ̀y khráp

そのまままっすぐ行ってください。
（女性）

ตรงไปเลยค่ะ
troŋ pay ləəy khâʔ

次のソーイを左折してください。
（男性）

ซอยหน้า เลี้ยวซ้ายเข้าไปนะครับ
sɔɔy nâa líaw sáay khâw pay náʔ khráp

ここで止めてください。（女性）

จอดตรงนี้ค่ะ
cɔ̀ɔt troŋ níi khâʔ

銀行の前のところで止めてください。（男性）

จอดตรงหน้าธนาคารครับ
cɔ̀ɔt troŋ nâa thanaakhaan khráp

ワンポイント アドバイス

　バンコクで大体の場所を特定する際に重要なのが **ถนน** と **ซอย** です。**ถนน** は「大通り」にあたり **ซอย** は **ถนน** から出ている通常 **ถนน** より細い道のことです。**ถนน** には必ず名前がついていて、**ซอย** にも必ず名前か番号がついていますから、**ถนน** の名前と **ซอย** の名前か番号をいうことで、おおまかな場所を特定することができるわけです。

《関連単語ブック》

タクシー：**รถแท็กซี่** rót théksîi

トゥクトゥク（小型三輪タクシー）：**ตุ๊กๆ** túk túk

バス停：**ป้ายรถเมล์** pâay rótmee

ガソリンスタンド：**ปั๊มน้ำมัน** pám námman

三叉路：**สามแยก** sǎam yêɛk

歩道橋：**สะพานลอย** saphaan lɔɔy

中央分離帯：**เกาะกลางถนน** kɔ̀ʔ klaaŋ thanǒn

駐車場：**ที่จอดรถ** thîi cɔ̀ɔt rót

右折する：**เลี้ยวขวา** líaw khwǎa

国際免許証：**ใบขับขี่นานาชาติ** bay khàp khìi naanaa châat

練習　復習しながら 話してみよう

●基本会話の復習です。

●日本語の部分をタイ語で答えましょう。

1．A：パンティップ・プラザへ行ってください。（女性）　　B：**อยู่ถนนเพชรบุรีใช่ไหมครับ**

2．A：**อยู่ถนนเพชรบุรีใช่ไหมคะ**　　B：プラトゥー・ナームの近くです。（男性）

3．A：時間はどのくらいかかりますか？（女性）　　B：**ผมก็ไม่รู้เหมือนกันครับ**

4．A：おつりはいりません。（男性）　　B：**ขอบคุณมากค่ะ**

　1．**ไปพันธุ์ทิพย์พลาซ่าค่ะ**　2．**ใกล้ๆ ประตูน้ำครับ**
解答　3．**ใช้เวลาสักเท่าไรคะ**　4．**ไม่ต้องทอนครับ**

　バンコクのタクシーというと、一昔前は乗る前に交渉が必要なものとして有名でした。また、一時期タクシーの数が少なく、タクシーをひろうのがとても困難な時期もありました。

　現在は、ほとんどのタクシーがメーター・タクシーとなり、またその数も十分といっていい状況なので、タクシーに関して困ることは以前に比べると少ないと思います。

　特にタクシー乗り場のようなものはありませんから、道ばたで空車が来るのを待ちます。屋根の上に「METER」の文字が見えればメーター・タクシーですから大丈夫です。空車の表示はタイ文字でว่างと出ていますが、それがわからなくても客が乗っているかどうかはだいたい見てわかります。

　手は日本とは異なり、地面と水平に上げます。

　タクシーが止まったら、自分でドアを開いて乗り込みます。行き先を告げると同時に運転手がメーターのところに手をやるかどうかにも気を配りましょう。行き先がきちんと伝わり、メーターも動いていることが確認できれば、後は何の心配もいりません。渋滞に巻き込まれた場合は別として、順調に走っている限り、メーターによる計算はかなり格安、と考えていいと思います。

　目的地に着いた後は、料金の支払いです。ここはちょっと気を使うところです。日本のように細かくきちんとメーターの料金だけを払うことはあまりしません。10バーツ未満の端数は、チップとして渡したほうがいい、と考えておけばいいと思います。ですからそれに近い金額がある場合には少し多めにお金を渡します。小銭がない場合にはお釣りを受け取る際に「＊＊バーツ取ってくれ」という風にいいます。そうすれば、それを引いた金額をお釣りとして返してくれます。時には、１バーツの端数が出たような場合、例えば料金が81バーツだったとして100バーツを出すと、「1バーツはいいよ」と、20バーツを返してくれるような気前のいい運転手さんに出会うこともあります。

タイ　トイレ事情

　タイのトイレは、もちろんどこのトイレであるか、あるいは個人の家であれば
どの程度の階層の家であるか、などによって、さまざまなレベルが考えられます
が、基本的に共通しているのは、通常浴室といっしょになっていること、および
トイレット・ペーパーを用いない、ということです。

　もちろん、ホテルのトイレなど場所によってはペーパーを使えるところもある
かもしれませんが、ごく限られた場合と考えておいたほうがよいでしょう。ペー
パーが使えるところでも、便器には流してはいけないのが普通で、用意してある
かごなどに捨てなければなりません。

　ペーパーを用いないということは、用を足した後自分で洗って、最後に手を洗
うということになります。最初はちょっと抵抗があるかもしれませんが、最近は
日本でもウォシュレットのようなものが増えてきているように、慣れてしまうと
「洗う」ほうが清潔で、またあとも気持ちのよいものです。

　いちばん簡単なタイプのトイレは、便器があって、多くの場合コンクリートで
簡単な水槽のようなものが設けてあったり、あるいはカメに水を貯めてあるもの
です。便器への座り方は日本人は間違えがちですが、便器の水の溜まっているほ
うを後ろにして座らなければなりません。用を足した後は、浮かんでいる桶など
を使って水槽やカメの水で便器を流します。

　もう少し上等なトイレになると小型のシャワー
のようなものがついていて、手を使わなくてもそ
れを利用して洗うことができます。

　いずれにしても、ずいぶん高級なトイレでもち
ょっと嫌なのは、浴室といっしょになっていると
いうこともあり、あるいは常に水を流していると
いうこともあり、床が濡れていることです。靴下
をはいている場合には、一度脱がないと入れない
からです。

　洗った後濡れたままで服を着るのか、とよく疑
問に思われる方がいるようですが、普通はそうで
す。そもそも暑いですから、しばらくすると乾い
てしまうからです。とはいっても、1年のうちに
は、特に夜などは涼しい時期もあり、そういう時
はさすがにちょっと気持ち悪いですが……。

電話をかける

この課では、電話の応答を練習します。電話は日本語でも難しいものですから、まして外国語ではより困難ではあります。電話をかける前に、あらかじめいろいろな状況を想定して話すことを用意しておきましょう。

▶ **ฮัลโหล ขอสายคุณนัทซุโกะ ห้องเบอร์ ๕๑๗ นะครับ**

halŏo khɔ̌ɔ sǎay khun nátsukòʔ hɔ̂ŋ bəə hâa nùŋ cèt náʔ khráp

ハロー　コー　サーィ　クン　ナトスコ　ホング　ブー　ハー　ヌング　チェト　ナ　クラブ

もしもし　517号室のナツコさんをお願いします。

▶ **หรือครับ แต่มีคนชื่อนัทซุโกะพักอยู่ใช่ไหมครับ**

rɯ̌ɯ khráp tɛ̀ɛ mii khon chɯ̂ɯ nátsukòʔ phák yùu chây máy khráp

ルー　クラブ　テー　ミー　コン　チュー　ナトスコ　パク　ユー　チャイ　マイ　クラブ

そうですか。でも、ナツコさんという人は泊まっていますよね？

▶ **ถ้างั้น ขอฝากข้อความไว้หน่อยได้ไหมครับ**

thâa ŋán khɔ̌ɔ fàak khɔ̂ɔ khwaam wáy nɔ̀y dâay máy khráp

ター　ンガン　コー　ファーク　コー　クワーム　ワイ　ノィ　ダーイ　マイ　クラブ

では、伝言をお願いできますか？

田中

▶ **"ทานากะโทรมา พักอยู่ที่โบราณเฮ้าส์**

thaanaakàʔ thoo maa phák yùu thîi booraan háw

タナカ　トー　マー　パク　ユー　ティー　ボーラーン　ハォ

แล้วจะโทรมาใหม่" นะครับ

lɛ́ɛw càʔ thoo maa mày náʔ khráp

レーオ　チャ　トー　マー　マィ　ナ　クラブ

「タナカから電話があった、ボーラーン・ハウスに泊まっている、それでまた電話します」です。

解説　**อยู่** は「いる、ある」という意味で学びましたが、動詞句の後ろに置かれた場合には「～している」という意味を表わします。**ไว้** は「～しておく」という意味を表わすことばで、動詞句の後ろに置きます。ここでは

語句の説明

ฮัลโหล：もしもし（電話で）　　ขอสาย~：～さんをお願いします（電話で）

คุณ~：～さん　　นัทซุโกะ：ナツコ（日本人の名前）　　ห้อง：部屋　　เบอร์：番号

รอสักครู่：しばらくお待ちください　　รับสาย：電話を受ける

ไม่มีใครรับสาย：（電話で）誰も出ない　　พัก：泊まる　　~อยู่：～している

ซาซากิ：ササキ（日本人の姓）　　ตั้งแต่~：～から　　วันที่~：～日（日付）

ฝาก：預ける　　ข้อความ：伝言　　~ไว้：～しておく　　เชิญ：どうぞ

ทานากะ：タナカ（日本人の姓）　　โบราณเฮ้าส์：ボーラーン・ハウス（ホテルの名前）

แล้ว：それで　　โทรมา：電話をかけてくる　　ใหม่：また

◀ **รอสักครู่ค่ะ… ไม่มีใครรับสายค่ะ**

rɔɔ sák khrûu khâʔ　mây mii khray ráp sǎay khâʔ

ロー　サク　クルー　カ　　マイ　ミー　クライ　ラプ　サーイ　カ

しばらくお待ちください・・・ 誰もお出になりません。

◀ **ค่ะ คุณนัทซุโกะ ซาซากิใช่ไหมคะ พักอยู่ที่นี่ตั้งแต่วันที่ ๓ ค่ะ**

khâʔ　khun nátsukòʔ saasaaki chây máy khâʔ　phák yùu thîi nii tâŋtèɛ wan thîi sǎam khâʔ

カ　クン　ナトスコ　ササキ　チャイ　マイ　カ　　パク　ユー　ティー　ニー　タンテー　ワン　ティー　サーム　カ

はい。ナツコ・ササキさんですよね？ 3日からこちらにお泊まりになっています。

◀ **ได้ค่ะ เชิญเลยค่ะ**

dâay khâʔ　chəən ləəy khâʔ

ダーイ　カ　　チューン　ルーイ　カ

はい。ではどうぞ。

ホテル従業員

◀ **ค่ะ "คุณทานากะโทรมา พักอยู่ที่โบราณเฮ้าส์**

khâʔ　khun thaanaakàʔ thoo maa　phák yùu thîi booraan háw

カ　クン　タナカ　トー　マー　　パク　ユー　ティー　ボーラーン　ハオ

จะโทรมาใหม่" นะคะ ขอบคุณมากค่ะ

càʔ thoo maa mày náʔ khâʔ　khɔ̀ɔp khun mâak khâʔ

チャ　トー　マー　マイ　ナ　カ　　コープ　クン　マーク　カ

はい。「タナカさんから電話がありました。ボーラーン・ハウスに泊まっています。また電話をします。」ですね。ありがとうございました。

「預ける」という意味の **ฝาก** と用いて **ฝากไว้** で「預けておく」という意味になります。**เชิญ** は「どうぞ」にあたることばで、後ろに置かれている **เลย** は前にも出てきていますが、前に置かれた動詞を強調します。

関連表現／使える表現

●電話でのさまざまな表現

スニサーさんをお願いします。（男性）

ขอพูดกับคุณสุนิสาหน่อยครับ
khɔ̌ɔ phûut kàp khun sùnísǎa nɔ̀y khráp

・私です。（女性）

กำลังพูดอยู่ค่ะ
kamlaŋ phûut yùu khâʔ

・外出しています。（女性）

ออกไปข้างนอกค่ะ
ʔɔ̀ɔk pay khâŋ nɔ̂ɔk khâʔ

・別の電話に出ています。（女性）

ติดสายอื่นอยู่ค่ะ
tìt sǎay ʔùɯn yùu khâʔ

331号室をお願いします。（男性）

ช่วยต่อห้อง ๓๓๑ หน่อยครับ
chûay tɔ̀ɔ hɔ̂ŋ sǎam sǎam nɯ̀ŋ nɔ̀y khráp

どちら様ですか？（女性）

โทรมาจากไหนไม่ทราบคะ
thoo maa càak nǎy mây sâap khá?

誰とお話しになりますか？（男性）

ต้องการพูดกับใครครับ
tɔ̂ŋ kaan phûut kàp khray khráp

ルアンチットさんはいますか？（女性）

คุณเรืองจิตอยู่ไหมคะ
khun rɯaŋcìt yùu máy khá?

折り返し電話させましょうか？（男性）

ให้โทรกลับไหมครับ
hây thoo klàp máy khráp

こちらはサオワラックです。（女性）

นี่เสาวลักษณ์พูดค่ะ
nîi sǎwwalák phûut khâʔ

お話し中です。（男性）

สายไม่ว่างครับ
sǎay mây wâaŋ khráp

タナカから電話があったと伝えてください。（女性）

ช่วยบอกว่า ทานากะโทรมานะคะ
chûay bɔ̀ɔk wâa thaanaakáʔ thoo maa náʔ khá?

大きな声で話していただけますか？（男性）

พูดดังๆ หน่อยได้ไหมครับ
phûut daŋ daŋ nɔ̀y dâay máy khráp

もしもし、聞こえますか？（女性）

ฮัลโหล ได้ยินไหมคะ
halǒo dâyyin máy khá?

・聞こえます。（男性）

ได้ยินครับ
dâyyin khráp

・あまり聞こえません。（男性）

ไม่ค่อยได้ยินครับ
mây khɔ̀y dâyyin khráp

ではこれで。（女性）

ตกลงแค่นี้นะคะ
tòkloŋ khêe níi náʔ khá?

ワンポイント アドバイス

　เชิญ は 1 語で「どうぞ」を表わすほかに、後ろに場所を表わすことば
を置くと「どうぞ～へ」、後ろに動詞句を置くと「どうぞ～してくださ
い」などの意味も表わすことができます。
　　例）**เชิญข้างในค่ะ** 「どうぞ中へ。」（女性）
　　　　เชิญนั่งครับ 「どうぞお座りください。」（男性）

《関連単語ブック》

電話： **โทรศัพท์** thoorasàp
電話番号： **เบอร์โทรศัพท์** bəə thoorasàp
電話をかけ直す： **โทรใหม่** thoo mày
電話を切る： **วางหู** waaŋ hŭu
内線： **สายใน** săay nay
外線： **สายนอก** săay nɔ̂ɔk
電話代： **ค่าโทรศัพท์** khâa thoorasàp
公衆電話： **โทรศัพท์สาธารณะ** thoorasàp săathaaraná?
日本への国際電話： **โทรศัพท์ทางไกลไปญี่ปุ่น** thoorasàp thaaŋ klay pay yîipùn
携帯電話： **(โทรศัพท์)มือถือ** (thoorasàp) mɯɯ thɯ̌ɯ

 **復習**しながら **話**してみよう

●基本会話の復習です。

●日本語の部分をタイ語で答えましょう。

1. A：ナツコさんをお願いします。（女性）　　B：**รอสักครู่ครับ**
2. A：伝言をお願いできますか？（男性）　　B：**ได้ค่ะ**
3. A：**ขอพูดกับคุณสุนิสาหน่อยครับ**　　B：私です。（女性）
4. A：もしもし、聞こえますか？（男性）　　B：**ได้ยินค่ะ**

> **解答** 1. ขอสายคุณนัทซุโกะนะคะ　2. ขอฝากข้อความไว้หน่อยได้ไหมครับ
> 3. กำลังพูดอยู่ค่ะ　4. ฮัลโหล ได้ยินไหมครับ

　昔々私がタイ語を勉強し始めた頃は、タイの電話事情は悪く、かけたほうが「どちら様ですか？」と開口一番尋ねる、というのが普通だったほどです。

　しかし、現在では事情はとても良くなりました。もちろん日本に比べれば公衆電話の数などはずっと少ないかもしれませんし、地方での事情はまだまだ都市の状態にはほど遠いものがあります。それでも使えない公衆電話の数はずっと少なくなりましたし、地方のガソリン・スタンドなどからでも普通にバンコクに電話が通じるようになりました。テレフォン・カードもずいぶん普及してきているようです。

　特筆すべきは、地方でも観光地や空港、バンコクならば外国人がよく訪れるショッピング・センターなどでは、国際電話もごく簡単にできるということでしょう。

　普通はテレフォン・カードを買ってそれを使って電話します。「PHONE CARD」というような表示があれば、テレフォン・カードを売っているということです。テレフォン・カードを売っているということはカードの使える公衆電話がある、ということですから、近くを探してみましょう。店先に置いてある電話のこともあれば、電話ボックスの中の電話のこともあります。もちろんテレフォン・カードを使える公衆電話はすべて国際電話ができる、ということではありませんから表示をよく見たりする必要はあります。あるいは、カードを買うときに尋ねてみるのもいいかもしれません。

　もし国際電話が可能な電話を見つけたら、カードを入れて、あとは「001-81-」に続けて市外局番から「0」を除いた番号をダイヤルすれば、直接その番号につながります。携帯にだってOKです。携帯にかける場合は「001-81-90-…」ということになります。今や、高い手数料を払ってホテルから日本へ電話する必要などないのです。

　ただし、1つだけ注意しなければならないのは、カードには何種類かあって、国際電話のできる電話機にも何種類かある、ということです。ある場所で買ったカードが、次の場所の電話では使えない、ということもあるわけです。

チェックタイム④

●第 10 課から第 12 課の復習です。以下の問題にチャレンジしましょう。

1．次の文を日本語に訳しましょう。

① ดิฉัน/ผมชอบอากาศร้อนมากกว่าอากาศเย็นค่ะ/ครับ

② ขับช้าๆ หน่อยค่ะ/ครับ

③ ไม่มีใครรับสายค่ะ/ครับ

2．次の文をタイ語で発音しましょう。

①日本語の新聞はありますか？

②331 号室をお願いします。

③おつりはいりません。

3．タイ語で次の質問に答えましょう。（括弧内のことばを用いて）

① รับกาแฟร้อนอีกไหมคะ/ครับ

② เคยไปเท่าไรคะ/ครับ (๗๐)

③ ต้องการพูดกับใครคะ/ครับ (คุณสุนิสา)

解答	1．①私は涼しい気候よりも暑い気候のほうが好きです。
	②ちょっとゆっくり運転してください。
	③誰も出ません。
	2．①มีหนังสือพิมพ์ภาษาญี่ปุ่นไหมคะ/ครับ
	②ช่วยต่อห้อง ๓๓๑ หน่อยค่ะ/ครับ
	③ไม่ต้องทอนค่ะ/ครับ
	3．①เอาค่ะ/ครับ／ไม่เอาค่ะ/ครับ
	②เคยไป ๗๐ บาทค่ะ/ครับ
	③ขอพูดกับคุณสุนิสาหน่อยค่ะ/ครับ
	／ขอสายคุณสุนิสาหน่อยค่ะ/ครับ

บทที่ 13

宿泊手続き

この課では、ホテルでの会話を練習します。多くのホテルでは間違いなく英語が通じるでしょうし、日本語も通じるところが多くなっています。でもそれに惑わされずに、どんどんタイ語で話しかけてみましょう。

▶ **มีห้องว่างไหมคะ**

mii hɔ̂ŋ wâaŋ máy khá?
ミー ホング ワーング マィ カ
空室はありますか？

佐々木

▶ **ค่าพักคืนหนึ่งเท่าไรคะ**

khâa phák khɯɯn nɯŋ thâwrày khá?
カー パク クーン ヌング タォラィ カ
宿泊費は1晩おいくらですか？

▶ **คิดว่า คงไม่เกิน ๓ วันค่ะ ลดได้หรือคะ**

khit wâa khoŋ mây kəən sǎam wan khâ? lót dâay rɯ̌ɯ khá?
キト ワー コング マィ クーン サーム ワン カ ロト ダーィ ルーィ カ
たぶん4日にはならないと思います。まけてもらえるのですか？

▶ **งั้นไม่เป็นไรค่ะ ขอเช็คอินเลยค่ะ**

ŋán mâypenray khâ? khɔ̌ɔ chék?in ləəy khâ?
ンガン マィペンラィ カ コー チェクイン ルーィ カ
では結構です。チェックインをお願いします。

解説

กี่ は「いくつの」ということばで、数詞と同じ扱いをしますから、基本的な語順は「**กี่**＋類別詞」ということになります。また、このことばを用いると、原則としてその文は疑問文になります。**คิด** は「思う、考える」、**ว่า**

<table>
<tr><td rowspan="7">語句の説明</td></tr>
</table>

語句の説明

ห้องว่าง：空室　　คน：人　　ห้องคู่：ツイン　　ค่าพัก：宿泊費
คืน：夜、晩　　ราคา：値段、価格　　~ปกติ：通常の～、普通の～
กี่~：いくつの～　　วัน：日　　คิด：思う、考える
คิดว่า~：～と思う、～と考える　　คง：きっと、たぶん
เกิน：超える　　ลด：まける、値引きする
เช็คอิน：チェックインする　　เลย：このまま、そのまま
กรอก：記入する　　ใบ：紙状のもの、用紙　　แล้วก็：それから
ดู：見る　　พาสปอร์ต：パスポート　　~ด้วย：～してください

◀ ๔ คนหรือครับ ห้องคู่ ๒ ห้องนะครับ มีครับ

sìi khon rɯ̌ɯu khráp　hɔ̂ŋ khûu sɔ̌ɔŋ hɔ̂ŋ náʔ khráp　mii khráp

スィー　コン　ルー　クラブ　ホング　クー　ソーング　ホング　ナ　クラブ　　ミー　クラブ

4人ですか。ツインを2部屋ですね。あります。

◀ ราคาปกติ ๘๐๐ บาทครับ จะพักกี่วันครับ

raakhaa pàkatiʔ pɛ̀ɛt rɔ́ɔy bàat khráp　càʔ phák kìi wan khráp

ラーカー　パカティ　ペート　ローィ　バート　クラブ　チャ　パク　キー　ワン　クラブ

通常の料金は800バーツです。何日お泊まりですか？

◀ ถ้าจะให้ลด ก็ต้องพักนานกว่า ๗ วันครับ

thâa càʔ hây lót　kɔ̂ʔ tɔ̂ŋ phák naan kwàa cèt wan khráp

ター　チャ　ハィ　ロト　コ　トング　パク　ナーン　クワー　チェト　ワン　クラブ

もしまけるとなると、8日以上お泊まりいただかなければなりません。

ホテル従業員

◀ กรอกใบนี้นะครับ แล้วก็ขอดูพาสปอร์ตด้วยครับ

krɔ̀ɔk bay níi náʔ khráp　lɛ́ɛw kɔ̂ʔ khɔ̌ɔ duu pháatsapɔ̀ɔt dûay khráp

クローク　バィ　ニー　ナ　クラブ　　レーォ　コー　コー　ドゥー　パートサポート　ドゥーァィ　クラブ

この用紙に記入してください。それから、パスポートを見せてください。

は「～と、～ということを」ですから、**คิดว่า~**で「～と思う、～と考える」
という意味になり、自分の考えをいう場合に便利なことばです。**คง**は動詞
句の前に置いて「きっと～、たぶん～」という意味を動詞に加えます。

関連表現／使える表現

● カウンタで

何日お泊まりですか？（女性）

จะพักกี่วันคะ
càʔ phák kii wan kháʔ

・1晩だけです。（男性）

คืนเดียวครับ
khɯɯn diaw khráp

・1週間です。（男性）

อาทิตย์หนึ่งครับ
ʔaathit nɯŋ khráp

・まだはっきりしません。（男性）

ยังไม่แน่ครับ
yaŋ mây nɛ̂ɛ khráp

空室はありますか？（女性）

มีห้องว่างไหมคะ
mii hɔ̂ŋ wâaŋ máy kháʔ

・あいにく満室です。（男性）

พอดีเต็มครับ
phɔɔdii tem khráp

517号室の鍵をお願いします。（女性）

ขอกุญแจห้อง ๕๑๗ ค่ะ
khɔ̌ɔ kuncɛɛ hɔ̂ŋ hâa nɯ̀ŋ cèt kháʔ

部屋に鍵を忘れてしまいました。（男性）

ลืมกุญแจไว้ในห้องครับ
lɯɯm kuncɛɛ wáy nay hɔ̂ŋ khráp

チェックアウトは何時ですか？（女性）

เช็คเอ๊าท์กี่โมงคะ
chékʔáw kii mooŋ kháʔ

朝食は何時から何時までですか？
（女性）

อาหารเช้าตั้งแต่กี่โมงถึงกี่โมงคะ
ʔaahǎan cháaw tâŋtɛ̀ɛ kii mooŋ thɯ̌ŋ kii mooŋ kháʔ

冷蔵庫の中の飲み物はお飲みになりましたか？（男性）

ทานเครื่องดื่มในตู้เย็นหรือเปล่าครับ
thaan khrɯ̂aŋ dùɯm nay tûu yen rɯ́plàaw khráp

・ビールを1缶だけです。（女性）

เบียร์กระป๋องเดียวค่ะ
bia krapɔ̌ŋ diaw khâʔ

計算が間違っていませんか？（男性）

คิดผิดหรือเปล่าครับ
khit phìt rɯ́plàaw khráp

● その他のサービス

日本へ国際電話をかけたいのですが。（男性）

อยากจะโทรศัพท์ทางไกลไปญี่ปุ่นครับ
yàak càʔ thoorasàp thaaŋ klay pay yiipùn khráp

明日の朝、6時に起こしてください。
（女性）

พรุ่งนี้เช้า ช่วยปลุก ๖ โมงด้วยนะคะ
phrûŋ nii cháaw chûay plùk hòk mooŋ dûay náʔ kháʔ

氷を持ってきていただけますか？
（男性）

ช่วยเอาน้ำแข็งมาให้หน่อยได้ไหมครับ
chûay ʔaw nám khɛ̌ŋ maa hây nɔ̀y dâay máy khráp

ワンポイント アドバイス

　　数に関する表現は、日本語とは感覚が違うことが多いので注意が必要です。**ไม่เกิน ๓ วัน** は直訳すると「3日を超えない」ですから「4日にはならない」、**นานกว่าเจ็ดวัน** は直訳すると「7日よりも長く」ですから「8日以上」となります。

《関連単語ブック》

ホテル：**โรงแรม** rooŋ rɛɛm
ゲストハウス：**เก๊สต์เฮ้าส์** kées háw
寮：**หอพัก** hɔ̌ɔ phák
食堂：**ห้องอาหาร** hɔ̂ŋ ʔaahǎan
エレベータ：**ลิฟท์** lip
プール：**สระว่ายน้ำ** sàʔ wâay náam
ロビー：**ล็อบบี้** lɔ́pbii
チップ：**ทิป** thíp
シングル：**ห้องเดี่ยว** hɔ̂ŋ dìaw
ベッドメーク：**ทำห้อง** tham hɔ̂ŋ

練習　復習しながら 話してみよう ★

●基本会話の復習です。

●日本語の部分をタイ語で答えましょう。

1．A：空室はありますか？（男性）　　　　　　B：**พอดีเต็มค่ะ**

2．A：宿泊費は1晩おいくらですか？（女性）　　B：**ราคาปกติ ๘๐๐ บาทครับ**

3．A：**จะพักกี่วันคะ**　　B：たぶん4日にはならないと思います。（男性）

4．A：明日の朝、6時に起こしてください。（女性）　　B：**ได้ครับ**

解答 1. **มีห้องว่างไหมครับ**　2. **ค่าพักคืนหนึ่งเท่าไรคะ**
3. **คิดว่าคงไม่เกิน ๓ วันครับ**　4. **พรุ่งนี้เช้า ช่วยปลุก ๖ โมงด้วยนะคะ**

レストランへ行く

ここでは、ものの名前や呼び方のいい方、あるいは尋ね方を練習します。その他「これ、それ」、「この〜、その〜」などのいい方も練習します。名前を知らないものに出会った場合などに、ここでのいい方を用いて単語を増やしましょう。

▶ **ขอดูเมนูหน่อยครับ**

khɔ̌ɔ duu meenuu nɔ̀y khráp
コー　ドゥー　メーヌー　ノイ　クラブ
メニューを見せてください。

▶ **มีเบียร์สิงห์ขวดใหญ่ไหมครับ**

mii bia sǐŋ khùat yày máy khráp
ミー　ビーア　スィング　クーアト　ヤイ　マイ　クラブ
大瓶のスィンハ・ビールはありますか？

▶ **สัก ๒ ขวดครับ แล้วก็ขอทอดมันปลา**

sák sɔ̌ɔŋ khùat khráp　lɛ́ɛw kɔ̂ɔ khɔ̌ɔ thɔ̂ɔt man plaa
サク　ソーング　クーアト　クラブ　レーオ　コー　コート　マン　プラー

▶ **ยำหอยนางรมนะครับ**

yam hɔ̌y naaŋrom náʔ khráp
ヤム　ホイ　ナーングロム　ナ　クラブ
２本ほど。それからトート・マン・プラーとヤム・ホイ・ナーンロムをください。

田　中

▶ **แล้วก็ขอเสือร้องไห้ด้วย แค่นี้ก่อนครับ**

lɛ́ɛw kɔ̂ɔ khɔ̌ɔ sɯ̌a rɔ́ɔŋ hây dûay　khɛ̂ɛ níi kɔ̀ɔn khráp
レーオ　コー　コー　スーア　ローング　ハイ　ドゥーアィ　ケー　ニー　コーン　クラブ
あと、スア・ローンハイもください。とりあえずこれだけで。

解説　**อะไร** は「何」、**ดี** は「良い」なので、「動詞＋**อะไรดี**」で「何を〜したらよいか？」という疑問文になります。ここの **อะไร** は「何の」という意味で前の **เครื่องดื่ม** を修飾しているので、直訳すると

◀ **นี่ค่ะ รับเครื่องดื่มอะไรดีคะ**

nîi khâʔ   ráp khrʉ̂aŋ dʉ̀ʉm ʔaray dii khâʔ

ニー　カ　ラブ　クルーアング　ドゥーム　アライ　ディー　カ

こちらです。お飲みものは何になさいますか？

◀ **มีค่ะ กี่ขวดคะ**

mii khâʔ   kìi khùat khâʔ

ミー　カ　キー　クーアト　カ

ございます。何本ですか？

◀ **ค่ะ เบียร์สิงห์ขวดใหญ่ ๒ ขวด**

khâʔ   bia sìŋ khùat yày sɔ̌ɔŋ khùat

カ　ビーア　スィング　クーアト　ヤイ　ソーング　クーアト

ทอดมันปลาและยำหอยนางรมนะคะ

thɔ̂ɔt man plaa léʔ yam hɔ̌y naaŋrom náʔ khâʔ

トート　マン　プラー　レ　ヤム　ホイ　ナーングロム　ナ　カ

はい。大瓶のスィンハ・ビールを２本、トート・マン・プラーとヤム・ホイ・ナーンロムですね。

ウエイトレス

◀ **ค่ะ รอสักครู่ค่ะ**

khâʔ   rɔɔ sák khrûu khâʔ

カ　ロー　サク　クルー　カ

はい。しばらくお待ちください。

「何の飲みものをもらったらよいですか？」となります。

関連表現／使える表現

●会食者と

何を食べたいですか？（男性）

อยากทานอะไรครับ
yàak thaan ʔaray khráp

何か食べられないものはありますか？（女性）

มีอะไรที่ทานไม่ได้ไหมคะ
mii ʔaray thîi thaan mây dâay máy khá?

・何でも食べられます。（男性）

ทานได้ทุกอย่างครับ
thaan dâay thúk yàaŋ khráp

・牛は食べられません。（男性）

ทานเนื้อไม่ได้ครับ
thaan núa mây dâay khráp

何を食べるのが好きですか？（女性）

ชอบทานอะไรคะ
chɔ̂ɔp thaan ʔaray khá?

味はどうですか？（男性）

รสชาติเป็นอย่างไรครับ
rót châat pen yaŋŋay khráp

・まあまあです。（女性）

ใช้ได้ค่ะ
cháy dâay khâ?

・塩味が足りないですね。（男性）

เค็มน้อยไปนะครับ
khem nɔ́ɔy pay ná? khráp

・ちょっと甘すぎますね。（女性）

หวานไปหน่อยนะค่ะ
wǎan pay nɔ̀y nà? khá?

まだ何か追加しますか？（男性）

สั่งอะไรเพิ่มอีกไหมครับ
sàŋ ʔaray phɔ̂ɔm ʔìik máy khráp

・もうお腹いっぱいです。（女性）

อิ่มแล้วค่ะ
ʔìm lɛ́ɛw khâ?

・遠慮はいりませんよ。（男性）

ไม่ต้องเกรงใจนะครับ
mây tɔ̂ŋ kreeŋcay ná? khráp

●ウエイトレス・ウエイターと

おしぼりをください。（女性）

ขอผ้าเย็นหน่อยค่ะ
khɔ̌ɔ phâa yen nɔ̀y khâ?

これは包んでもらえますか？（男性）

อันนี้ จะห่อกลับได้ไหมครับ
ʔan níi cà? hɔ̀ɔ klàp dâay máy khráp

お会計をお願いします。（女性）

เช็คบิลล์ด้วยค่ะ
chék bin dúay khâ?

領収書もくださいね。（男性）

ขอใบเสร็จด้วยนะครับ
khɔ̌ɔ bay sèt dûay ná? khráp

　タイ料理は、基本的には右手にスプーン、左手にフォークで食べます。食事を始めるとき、あるいは食事が終わったときにいう「いただきます」や「ごちそうさま」にあたることばはありません。特に何もいう必要はありませんが、人にごちそうになった場合には **อร่อยมาก**「とてもおいしかったです」といいましょう。

《関連単語ブック》

スプーン：**ช้อน** chɔ́ɔn
フォーク：**ส้อม** sɔ̂m
箸：**ตะเกียบ** takiap
取りスプーン：**ช้อนกลาง** chɔ́ɔn klaaŋ
つまようじ：**ไม้จิ้มฟัน** máy cîm fan
コショウ：**พริกไทย** phrík thay
唐辛子を浸けた魚醤：**น้ำปลาพริก** nám plaa phrík
砂糖：**น้ำตาล** nám taan
味が濃い：**รสจัด** rót càt
味が薄い：**รสจืด** rót cʉ̀ʉt

練習　復習しながら　話してみよう

●基本会話の復習です。

●日本語の部分をタイ語で答えましょう。

1．A：メニューを見せてください。（女性）　　B：**นี่ครับ**
2．A：とりあえずこれだけで。（男性）　　　　B：**รอสักครู่ค่ะ**
3．A：**มีอะไรที่ทานไม่ได้ไหมครับ**　　　　B：何でも食べられます。（女性）
4．A：**สั่งอะไรเพิ่มอีกไหมคะ**　　　　　B：もうお腹がいっぱいです。（男性）

解答
1．**ขอดูเมนูหน่อยค่ะ**　2．**แค่นี้ก่อนครับ**
3．**ทานได้ทุกอย่างค่ะ**　4．**อิ่มแล้วครับ**

銀行で両替する

この課では、日本円をタイバーツに両替する際の会話を練習します。といっても、特に特殊な会話が必要なわけではありません。実際には、両替はほとんど何もしゃべらなくても行うことができますが、努めていろいろしゃべってみましょう。

▶ **โทษนะคะ แลกเงินได้ที่ไหนคะ**

thôot náʔ kháʔ lɛ̂ɛk ŋən dâay thîi nǎy kháʔ
トート ナ カ　レーク ングン ダーィ ティー ナィ カ
すみません、どこで両替できますか？

▶ **อยากจะแลกเงินค่ะ**

yàak càʔ lɛ̂ɛk ŋən khâʔ
ヤーク チャ レーク ングン カ
両替したいのですが。

佐々木

▶ **เงินญี่ปุ่นค่ะ แลกได้ใช่ไหมคะ**

ŋən yîipùn kháʔ lɛ̂ɛk dâay chây máy kháʔ
ングン イープン カ　レーク ダーィ チャィ マィ カ
日本のお金です。両替できますよね？

▶ **๓ หมื่นค่ะ อัตราวันนี้เท่าไรคะ**

sǎam mùɯn khâʔ ʔàttraa wan níi thâwràay kháʔ
サーム ムーン カ　アトトゥラー ワン ニー タォラィ カ
３万です。今日のレートはいくらですか？

解説　**ได้** は動詞句の後ろに置いて「～できる」という可能の意味を表わします。「～できない」という場合には、**ไม่ได้** を動詞句の後ろに置きます。**ที่ไหน** は「どこ」ですから、~**ได้ที่ไหน** で「どこで～

แลก ：交換する	เงิน ：お金
แลกเงิน ：両替する	~ได้ ：～できる
ที่ไหน ：どこ	ชั้น ：階　　นั่ง ：座る
ญี่ปุ่น ：日本	ซิ ：（強調）　　หมื่น ：万
อัตรา ：レート、率	วันนี้ ：今日

กรุณา~ ：どうか～してください
เซ็นชื่อ ：サインする、署名する
ตรงนี้ ：ここ

◀ **เชิญชั้น ๒ ครับ**

chəən chán sɔ̌ɔŋ khráp
チューン　チャン　ソーング　クラブ

２階へどうぞ。

◀ **เชิญนั่งก่อนครับ เงินอะไรครับ**

chəən nâŋ kɔ̀ɔn khráp　ŋɤn ʔaray khráp
チューン　ナング　コーン　クラブ　ングン　アライ　クラブ

どうぞおかけください。どこのお金ですか？

銀行員

◀ **ได้ซิครับ จะแลกเท่าไรครับ**

dâay síʔ khráp　càʔ lɛ̂ɛk thâwrày khráp
ダーィ　スィ　クラブ　チャ　レーク　タオライ　クラブ

できますとも。いくら両替されますか？

◀ **นี่ครับ อัตราวันนี้ กรุณาเซ็นชื่อตรงนี้นะครับ**

nii khráp　ʔàttraa wan nii　karunaa sen chûɯu troŋ nii náʔ khráp
ニー　クラブ　アットゥラー　ワン　ニー　カルナー　セン　チュー　トゥロング　ニー　ナ　クラブ

はい、今日のレートです。ここにサインしてください。

できますか？」となります。**กรุณา** は動詞句の前に置くと、「どうか～してください」という、丁寧にものをお願いする文を作ることができます。**ตรงนี้** は **ที่นี่** よりも狭い「ここ」を表わします。

関連表現／使える表現

●銀行／両替所まで

この辺りに両替するところはありますか？（女性）

แถวนี้มีที่แลกเงินไหมคะ
thɛ̌w nii mii thîi lɛ̂ɛk ŋɤn máy khá?

ホテルで両替するのは、レートはあまり良くありません。（女性）

แลกเงินที่โรงแรม อัตราไม่ค่อยดีค่ะ
lɛ̂ɛk ŋɤn thîi rooŋrɛɛm ?àttraa máy khɔ̂y dii khâ?

銀行へ両替に行ったほうがいいです。（男性）

ไปแลกที่ธนาคารดีกว่าครับ
pay lɛ̂ɛk thîi thanaakhaan dii kwàa khráp

パスポートは必要ですか？（女性）

ต้องการพาสปอร์ตไหมคะ
tɔ̂ŋ kaan pháatsapɔ̀ɔt máy khá?

・持って行ったほうがいいです。（男性）

เอาไปดีกว่าครับ
?aw pay dii kwàa khráp

銀行へお金を引き出しに行きます。（女性）

จะไปเบิกเงินที่ธนาคารค่ะ
cà? pay bɤ̀ɤk ŋɤn thîi thanaakhaan khâ?

銀行へ預金に行きます。（男性）

จะไปฝากเงินที่ธนาคารครับ
cà? pay fàak ŋɤn thîi thanaakhaan khráp

銀行へ残高照会に行きます。（女性）

จะไปเช็คยอดเงินฝากที่ธนาคารค่ะ
cà? pay chék yɔ̂ɔt ŋɤn fàak thîi thanaakhaan khâ?

●銀行／両替所で

硬貨に両替してください。（男性）

ขอแลกเป็นเหรียญหน่อยครับ
khɔ̌ɔ lɛ̂ɛk pen rian nɔ̀y khráp

小額紙幣に両替してください。（女性）

ขอแลกเป็นแบงค์ย่อยค่ะ
khɔ̌ɔ lɛ̂ɛk pen béŋ yɔ̂y khâ?

新たに口座を開きたいのですが。（男性）

อยากจะเปิดบัญชีใหม่ครับ
yàak cà? pɤ̀ɤt banchii mày khráp

外国で引き出せるカードを作りたいのですが。（女性）

อยากจะทำบัตรที่ใช้เบิกเงินที่ต่างประเทศได้ค่ะ
yàak cà? tham bàt thîi cháy bɤ̀ɤk ŋɤn thîi tàaŋ prathêet dâay khâ?

ATMのカードをなくしました。（男性）

ทำบัตร ATM หายครับ
tham bàt ?ee thii ?em hǎay khráp

ここは何時から開いていますか？（女性）

ที่นี่เปิดตั้งแต่กี่โมงคะ
thîi nîi pɤ̀ɤt tâŋtɛ̀ɛ kìi mooŋ khá?

ここは何時まで開いていますか？（男性）

ที่นี่เปิดถึงกี่โมงครับ
thîi nîi pɤ̀ɤt thǔŋ kìi mooŋ khráp

ワンポイント アドバイス

　バンコクや観光地では、両替をできる場所は至る所にありますから、必ずしも銀行へ行かなくても両替することができます。多くの両替所は銀行のものですから、レートも銀行と同じで、特に不利になる、ということはありません。空港の両替所も銀行の出張所ですから安心して両替できます。両替するときは、銀行の名前があるかどうかを確認しましょう。それに対して、ホテルなどでの両替はやはりレートが良くないようです。

《関連単語ブック》

円：**เยน** yen　　ドル：**ดอลล่าร์** dɔnlâa

サターン（100 サターンが 1 バーツ）：**สตางค์** sataaŋ

サルン（1 サルンは 25 サターン）：**สลึง** salʉ̌ŋ

紙幣（正式ないい方）：**ธนบัตร** thanabàt

紙幣：**แบงค์** béŋ　　　硬貨：**เหรียญ** rǐan

トラベラーズチェック：**เช็คเดินทาง** chék dəən thaaŋ

交換レート：**อัตราแลกเปลี่ยน** ʔàttraa lêek plìan

バンコク銀行：**ธนาคารกรุงเทพ** thanaakhaan kruŋthêep

練習　**復習**しながら **話**してみよう ★

●基本会話の復習です。

●日本語の部分をタイ語で答えましょう。

1．A：どこで両替できますか？（男性）　　　B：**เชิญชั้น ๒ ค่ะ**

2．A：**จะแลกเท่าไรครับ**　　　　　　　　　B：3万です。（女性）

3．A：今日のレートはいくらですか？（男性）　B：**นี่ค่ะ อัตราวันนี้**

4．A：パスポートは必要ですか？（女性）　　　B：**เอาไปดีกว่าครับ**

> **解答**　1．**แลกเงินได้ที่ไหนครับ**　2．**๓ หมื่นค่ะ**
> 3．**อัตราวันนี้เท่าไรครับ**　4．**ต้องการพาสปอร์ตไหมคะ**

最近は日本でも数え切れないほどタイ料理レストランが増え、タイ料理を食べる機会も少なくないかもしれません。しかし、やはり本場のタイ料理がいちばんです。立派なレストランでなくても、ほんの簡単な食堂でも、あるいは道ばたの屋台でも、おいしい料理が溢れるほどにころがっているのがタイです。私自身、タイへ行く機会があると、頭の中の大半は「何を食べようか」、「あれとあれは必ず食べて、できればあれも食べて」などと、ほとんど現地で食べるタイ料理のことで占められてしまいます。皆さんにも是非本場のおいしいタイ料理を味わっていただきたいと思います。

　ただ、問題はどうやって注文するかですね。目の前に料理や材料がある場合にはまだ何とかなりますし、メニューに英語が併記されていれば多少の見当もつくでしょうが、タイ語のみのメニューでの注文はなかなか難しいかもしれませんね。とりあえずは食べたいと思うメニューを日本から用意していくことです。あとは、基本的な単語を頭に入れておいて、メニューのタイ語を解読していく、というのも、また現地ならではの楽しみかもしれません。参考までに、以下によく使われることばを挙げておきましょう。

[材料]
หมู mǔu 豚肉　　**เนื้อ** nɯ́a 牛肉　　**ไก่** kày 鶏肉　　**กุ้ง** kûŋ エビ　　**ปู** puu カニ
ปลา plaa 魚　　**ปลาหมึก** plaa mɯ̀k イカ　　**หอย** hɔ̌y 貝

[調理法]
ผัด phàt 炒める　　**ทอด** thôot 油で揚げる　　**ย่าง** yâaŋ あぶる
ปิ้ง pîŋ（パンなどを）焼く　　**เผา** phǎw 強火で焼く　　**ต้ม** tôm 煮る・ゆでる
นึ่ง nɯ̂ŋ 蒸す　　**ลวก** lûak 火やお湯を通す

[調味料]
น้ำปลา nám plaa 魚醤　　**พริก** phrík 唐辛子　　**พริกไทย** phrík thay 胡椒
น้ำตาล nám taan 砂糖　　**น้ำส้มสายชู** nám sôm sǎay chuu 酢
ซีอิ๊วดำ siiʔíw dam 黒醤油　　**เกลือ** klɯa 塩　　**ผงชูรส** phǒŋ chuu rót 味の素
กระเทียม krathiam にんにく　　**มะนาว** manaaw ライム

●第 13 課から第 15 課の復習です。以下の問題にチャレンジしましょう。

1．次の文を日本語に訳しましょう。

　① อาหารเช้าตั้งแต่กี่โมงถึงกี่โมงคะ/ครับ

　② รอสักครู่ค่ะ/ครับ

　③ กรุณาเซ็นชื่อตรงนี้นะคะ/ครับ

2．次の文をタイ語で発音しましょう。

　①日本へ国際電話をかけたいのですが。

　②お会計をお願いします。

　③この辺りに両替するところはありますか？

3．タイ語で次の質問に答えましょう。（括弧内のことばを用いて）

　① จะพักกี่วันคะ/ครับ （3 日）

　② รับเครื่องดื่มอะไรดีคะ （スィンハ・ビールを 2 本ほど）

　③ จะแลกเท่าไรคะ/ครับ （3 万円）

解答	1．①朝食は何時から何時までですか？
	②しばらくお待ちください。
	③ここにサインしてくださいね。
	2．① อยากจะโทรศัพท์ทางไกลไปญี่ปุ่นค่ะ/ครับ
	② เช็คบิลล์ด้วยค่ะ/ครับ
	③ แถวนี้มีที่แลกเงินไหมคะ/ครับ
	3．① ๓ วันค่ะ/ครับ
	② ขอเบียร์สิงห์สัก ๒ ขวดค่ะ/ครับ
	③ ๓ หมื่นเยนค่ะ/ครับ

バスに乗る

タイ、特にバンコクでは、まだまだバスが重要な交通手段となっています。この課ではその都バスや地方への電車に関する会話の練習をします。地方への電車に関する会話は、そのまま長距離バスにも応用できます。

B 23

▶ **ไปสีลม นั่งรถเมล์สายอะไรไปดีคะ**
pay sǐilom nâŋ rótmee sǎay ʔaray pay dii kháʔ
パイ スィーロム ナング ロト メー サーイ アライ パイ ディー カ
スィーロムへ行くには、何番のバスに乗って行ったらいいですか？

▶ **มีแค่สายเดียวหรือคะ**
mii khɛ̂ɛ sǎay diaw rǔɯ kháʔ
ミー ケー サーイ ディーアオ ルー カ
1本しかないんですか？

佐々木

▶ **ค่าโดยสารเท่าไรคะ**
khâa dooysǎan thâwrày kháʔ
カー ドーイサーン タオライ カ
運賃はいくらですか？

▶ **แล้วขึ้นที่ไหนดีคะ**
lɛ́ɛw khûn thîi nǎy dii kháʔ
レーォ クン ティー ナィ ディー カ
それで、どこで乗ったらいいですか？

解説

　สายอะไร は直訳すると「何の線」ですが、都バスに関してはこれで「何番」を表わします。**หลาย** は「たくさんの」という意味で、数詞と同じ扱いをしますから、通常後ろには類別詞が置かれます。

สีลม：スィーロム（地名）　　สาย：バスや電車の路線

สายอะไร：何線、何番の線　　ปอ.：エアコンつきバス（รถปรับอากาศ の略）

แอร์：エアコン　　รถแอร์：エアコンつきバス、冷房車　　แค่~：わずか〜だけ

~เดียว：1つだけの〜　　~ธรรมดา：普通の〜　　อีก~：まだ〜、あと〜

หลาย~：たくさんの〜　　สบาย：快適な　　~เยอะ：ずっと〜　　ค่าโดยสาร：運賃

ระยะทาง：距離　　บอก：いう、教える　　พนักงาน：乗務員、従業員

ขึ้น：（具体的な動作として）乗る　　ตรงข้าม：向かい、反対の

มาบุญครอง：マーブンクローン（ショッピングセンターの名前）

◀ **ปอ. ๒ ครับ เป็นรถแอร์**

pɔɔ ʔɔɔ sɔ̌ɔŋ khráp　pen rót ʔɛ̀ɛ

ポーオー　ソーング　クラプ　ペン　ロト　エー

ポーオーの2番です。エアコンつきです。

◀ **ถ้าเป็นรถธรรมดา มีอีกหลายสายครับ**

thâa pen rót thammadaa　mii ʔìik lǎay sǎay khráp

ター　ペン　ロト　タムマダー　ミー　イーク　ラーィ　サーィ　クラプ

แต่นั่งรถแอร์ไปจะสบายกว่าเยอะ

tɛ̀ɛ nâŋ rót ʔɛ̀ɛ pay càʔ sabaay kwàa yɔ́ʔ

テー　ナング　ロト　エー　パィ　チャ　サバーィ　クワー　ユ

普通のバスなら、まだ何本もあります。でも、エアコンつきに乗って行ったほうがずっと快適です。

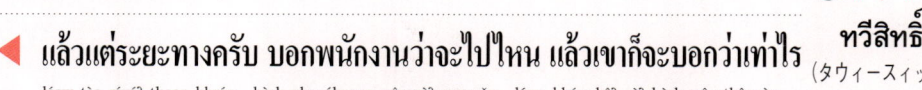

ทวีสิทธิ์
（タウィースィット）

◀ **แล้วแต่ระยะทางครับ บอกพนักงานว่าจะไปไหน แล้วเขาก็จะบอกว่าเท่าไร**

lɛ́ɛw tɛ̀ɛ ráyáʔ thaaŋ khráp　bɔ̀ɔk phanákŋaan wâa càʔ pay nǎy　lɛ́ɛw khǎw kɔ̂ càʔ bɔ̀ɔk wâa thâwrày

レーォ　テー　ラヤ　ターング　クラプ　ボーク　パナックガーン　ワー　チャ　パィ　ナィ　レーォ　カォ　コ　チャ　ボーク　ワー　タォライ

距離次第です。乗務員にどこへ行くかをいえば、いくらか教えてくれます。

◀ **ตรงข้ามมาบุญครองครับ**

troŋ khâam maabunkhrɔɔŋ khráp

トゥロング　カーム　マーブンクローング　クラプ

マーブンクローンの向かいです。

เยอะ は本来「いっぱい」という意味ですが、比較級と用いた場合には「ずっと〜」と比較級を強めます。

●バス

バスと BTS の電車とは、どちらのほうが便利ですか？（男性）

รถเมล์กับรถไฟฟ้าบีทีเอส
rótmee kàp rót fayfáa bii thii ʔés

อย่างไหนสะดวกกว่ากันครับ
yàaŋ nǎy sadùak kwàa kan khráp

・BTS の電車のほうが便利です。（女性）

รถไฟฟ้าบีทีเอสสะดวกกว่าค่ะ
rót fayfáa bii thii ʔés sadùak kwàa khâʔ

どこまでバスで行きますか？（男性）

จะนั่งรถเมล์ไปถึงไหนครับ
cà nâŋ rótmee pay thǔŋ nǎy khráp

どこで乗り換えたらいいですか？（女性）

ต่อรถที่ไหนดีคะ
tɔ̀ɔ rót thîi nǎy dii khá?

バスは何分おきにありますか？（男性）

รถเมล์มีทุกกี่นาทีครับ
rótmee mii thúk kii naathii khráp

このバスはラークラバンに行きますか？（女性）

คันนี้จะไปลาดกระบังไหมคะ
khan níi cà? pay lâatkrabaŋ máy khá?

戦勝記念塔は、もう通り過ぎましたか？（男性）

อนุสาวรีย์ชัยสมรภูมิ เลยมาหรือยังครับ
ʔanúsǎawárii chay samɔɔraphuum ləəy maa rǔuyaŋ khráp

・まだです。（女性）

ยังค่ะ
yaŋ khâ?

・もう通り過ぎました。（男性）

เลยมาแล้วครับ
ləəy maa lɛ́ɛw khráp

●電車

チエンマイ行きの切符を買いたいのですが。（男性）

อยากจะซื้อตั๋วไปเชียงใหม่ครับ
yàak cà? súuu tǔa pay chiaŋmày khráp

・何時の電車ですか？（女性）

เที่ยวกี่โมงคะ
thîaw kii mooŋ khá?

・何時のがありますか？（男性）

มีกี่โมงบ้างครับ
mii kii mooŋ bâaŋ khráp

何人ですか？（女性）

กี่ที่คะ
kii thîi khá?

・3 人です。（男性）

๓ ที่ครับ
sǎam thîi khráp

明日の切符を予約できますか？（男性）

จองตั๋วพรุ่งนี้ได้ไหมครับ
cɔɔŋ tǔa phrûŋ níi dâay máy khráp

ワンポイント アドバイス

　バンコクの都バスは、すべて番号がついていますから、目的地に行くには何番のバスに乗る必要があるかを知るのが第一です。場合によっては何本か乗り継ぐ必要も出てきます。**ปอ.พ.** はワンマンカーなので乗るときに運賃を払いますが、それ以外は乗った後で車掌さんが回ってきたときに払います。運賃は定額の場合と距離によって異なる場合とがあります。

B 26

《関連単語ブック》

切符：**ตั๋ว** tŭa

ポーオーオー（エアコンつきミニバス）：**ปอ.พ.** (**รถปรับอากาศพิเศษ** の略) pɔɔ ʔɔɔ phɔɔ

長距離バス：**รถทัวร์** rót thua

高速道路：**ทางด่วน** thaaŋ dùan

自転車：**รถจักรยาน** rót càkkrayaan

バイク：**มอเตอร์ไซค์** mɔɔtəəsay

降りる：**ลง** loŋ

追い越す：**แซง** sɛɛŋ

すれ違う：**สวน** sŭan

降ります！：**ลงป้ายนี้** loŋ pâay níi

 練習 復習しながら 話してみよう

B 27

● 基本会話の復習です。

B 28

● 日本語の部分をタイ語で答えましょう。

1. Ａ：スィーロムへ行くには、何番のバスに乗って行ったらいいですか？（男性）
　　Ｂ：**ปอ. ๒ ค่ะ**

2. Ａ：運賃はいくらですか？（女性）　　　　Ｂ：**แล้วแต่ระยะทางครับ**

3. Ａ：それで、どこで乗ったらいいですか？（男性）　Ｂ：**ตรงข้ามมาบุญครองค่ะ**

4. Ａ：**กี่ที่ครับ**　　　　　　　　　　　　　Ｂ：3 人です。（女性）

 解答　1. **ไปสีลม นั่งรถเมล์สายอะไรไปดีครับ**　2. **ค่าโดยสารเท่าไรคะ**
　3. **แล้วขึ้นที่ไหนดีครับ**　4. **๓ ที่ค่ะ**

バทที่ 17

道を尋ねる

この課では、道や目的地への行き方などの尋ね方を練習します。日本と同じことでいつも適切な回答が返ってくるとは限りませんが、タイ語の練習と思って、困ったときにはどんどん周りのタイ人に尋ねてみましょう。

B 29

▶ **สถานีรถไฟที่ใกล้ที่นี่ที่สุด ไปอย่างไรดีคะ**

sathăanii rót fay thîi klây thîi nii thîi sùt　pay yaŋŋay dii khá?
サターニー ロト ファイ ティー クライ ティー ニー ティース スト　パイ ヤングンガイ ディー カ

ここにいちばん近い電車の駅はどうやって行ったらいいですか？

▶ **ไปสวนจตุจักรได้ใช่ไหมคะ**

pay sŭan càtucàk dâay châay máy khá?
パイ スーアン チャトゥチャク ダーイ チャイ マィ カ

チャトゥチャック公園に行けますよね？

佐々木

▶ **รถไฟฟ้าบีทีเอส… เป็นอย่างไรคะ**

rót fayfáa bii thii ʔés　pen yaŋŋay khá?
ロト ファイ ファー ビー ティー エス　ペン ヤングンガイ カ

BTSの電車… どんなですか？

▶ **อ๋อ ที่วิ่งอยู่ที่สูงๆ ใช่ไหมคะ**

ʔɔ̌ɔ　thîi wîŋ yùu thîi sǔuŋ sǔuŋ châay máy khá?
オー　ティー ウィング ユー ティー スーング スーング チャイ マィ カ

ああ、高いところを走っているのですよね？

解説　**ที่สุด** は動詞や動詞句の後ろに置いて「もっとも〜」などの意味を表わします。**สถานีรถไฟที่ใกล้** の **ที่** は、英語の関係詞のような「〜であるところの」という意味です。**ใกล้** は「近い」ですから、

語句の説明

สถานีรถไฟ：駅　ที่~：～であるところの　~ที่สุด：いちばん～、もっとも～

ออก：出る　ก่อน：まず　เลี้ยวขวา：右に曲がる

เดินไป：歩いて行く　นาที：分　ก็：そうすると

สวนจตุจักร：チャトゥチャック公園　รถไฟฟ้าบีทีเอส：BTS の電車

ใหม่：新しい　เปิดบริการ：サービスを開始する

ที่~：～（な）の　วิ่ง：走る　ที่：ところ、場所、～で

สูง：高い　เลี้ยวซ้าย：左に曲がる　ปากซอย：ソーイの入り口

~เรื่อยๆ：どんどん～　เห็น：見える、目に入る

◀ **ออกถนนใหญ่ก่อนนะครับ แล้วเลี้ยวขวา เดินไปสัก ๕**

ʔɔ̀ɔk thanǒn yày kɔ̀ɔn náʔ khráp　léew liaw khwǎa　dəən pay sák hâa

オーク　タノン　ヤイ　コーン　ナ　クラプ　レーオ　リーアオ　クワー　ドゥーン　バイ　サッ　ハー

นาทีก็จะถึงสถานีรถไฟครับ

naathii kɔ̂ʔ càʔ thɯ̌ŋ sathǎanii rót fay khráp

ナーティー　コ　チャ　トゥング　サターニー　ロト　ファイ　クラプ

まず大通りに出ます。それから右に曲がって 5 分ほど歩くと駅に着きます。

◀ **จะไปสวนจตุจักรหรือครับ ถ้างั้นต้องนั่งรถไฟฟ้าบีทีเอสไปครับ**

càʔ pay sǔan càtucàk rɯ̌ɯ khráp　thâa ŋán tɔ̂ŋ nâŋ rót fayfáa bii thii ʔés pay khráp

チャ　バイ　スーアン　チャトゥチャク　ルー　クラプ　ターンガン　トング　ナング　ロト　ファイ　ファー　ビー　ティー　エス　バイ　クラプ

チャトゥチャック公園に行くんですか？　それならば BTS の電車に乗って行かなければなりません。

ホテル従業員

◀ **รถไฟฟ้าใหม่ที่เพิ่งเปิดบริการครับ**

rót fayfáa mày thîi phə̂ŋ pə̀ət bɔɔrikaan khráp

ロト　ファイ　ファー　マイ　ティー　ブング　ブート　ボーリカーン　クラプ

サービスを開始したばかりの新しい電車です。

◀ **ใช่ครับ เลี้ยวซ้ายที่ปากซอย แล้วเดินไปเรื่อยๆ ก็จะเห็นครับ**

chây khráp　liaw sáay thîi pàak sɔɔy　léew dəən pay rɯ̂ay rɯ̂ay kɔ̂ʔ càʔ hěn khráp

チャイ　クラプ　リーアオ　サーイ　ティー　パーク　ソーイ　レーオ　ドゥーン　バイ　ルーアイ　ルーアイ　コ　チャ　ヘン　クラプ

そうです。ソーイの入り口を左に曲がって、それからどんどん歩いていくと見えます。

「近いところの駅」となっています。**ที่วิ่งอยู่** の **ที่** は、「～（な）の」という意味です。**วิ่งอยู่** で「走っている」ですから、全体としては「走っているの」となります。

関連表現／使える表現

● 道に迷ったとき

どうしたんですか？（男性）

เป็นอะไรครับ
pen ʔaray khráp

・道に迷いました。（女性）

หลงทางค่ะ
lǒŋ thaaŋ khâʔ

道を教えてください。（男性）

ช่วยบอกทางให้หน่อยครับ
chûay bɔ̀ɔk thaaŋ hây nɔ̀y khráp

王宮前広場はどちらのほうですか？
（女性）

สนามหลวงอยู่ทางไหนคะ
sanǎam lǔaŋ yùu thaaŋ nǎy khá ʔ

ワット・ポーはどちらのほうへ行っ
たらいいですか？（男性）

วัดโพธิ์ จะไปทางไหนดีครับ
wát phoo càʔ pay thaaŋ nǎy dii khráp

・まっすぐです。（女性）

ตรงไปค่ะ
troŋ pay khâʔ

ここはどこですか？（男性）

ที่นี่ที่ไหนครับ
thîi nîi thîi nǎy khráp

この通りはサヤーム・スクエアへ行
けますか？（女性）

ถนนนี้จะไปสยามสแควร์ได้ไหมคะ
thanǒn nii càʔ pay sayǎam sakhwɛɛ dâay máy khá ʔ

● その他

ここからサーラーデーンまで時間は
どのくらいかかりますか？（男性）

จากที่นี่ไปศาลาแดง ใช้เวลาสักเท่าไรครับ
càak thîi níi pay sǎalaadɛɛŋ cháy weelaa sák thâwràay khráp

遠いですか？（女性）

ไกลไหมคะ
klay máy khá ʔ

・遠いです。（男性）

ไกลครับ
klay khráp

・たいして遠くありません。（男性）

ไม่ไกลเท่าไรครับ
máy klay thâwràay khráp

地図を描いていただけますか？（女性）

ช่วยวาดแผนที่ให้หน่อยได้ไหมคะ
chûay wâat phěen thîi hây nɔ̀y dâay máy khá ʔ

どこでタクシーをひろえますか？（男性）

เรียกแท็กซี่ได้ที่ไหนครับ
riak théksîi dâay thîi nǎy khráp

・どこででも大丈夫です。（女性）

ที่ไหนก็ได้ค่ะ
thîi nǎy kɔ̂ʔ dâay khâʔ

この辺りに、インターネットのサー
ビスがある店はありますか？（男性）

แถวนี้มีร้านที่มีบริการอินเตอร์เน็ตไหมครับ
thěw níi mii ráan thîi mii bɔɔrikaan ʔintəənèt máy khráp

ワンポイント アドバイス

　　BTS は、1999 年 12 月に開業した最新式の高架鉄道です。行ける場所はかなり限られますが、都内の重要なスポットはだいたいカバーされており、観光客にはありがたいものです。自動券売機は硬貨しか使えないので、事前に両替が必要です。先に運賃を指定してから硬貨を投入します。改札は自動改札ですが、切符がすぐ手元に出てくるため、最初は戸惑うかもしれません。

《関連単語ブック》

スカイ・トレイン（BTS の別称）：**รถไฟลอยฟ้า** rót fay lɔɔy fáa

踏切、線路：**ทางรถไฟ** thaaŋ rót fay

急行：**รถด่วน** rót dùan

プラットホーム：**ชานชาลา** chaan chaalaa

階段：**บันได** banday

エスカレータ：**บันไดเลื่อน** banday lɯ̂an

歩道：**ฟุตบาท** fútbàat

横断歩道：**ทางม้าลาย** thaaŋ máa laay

公園：**สวนสาธารณะ** sŭan sǎathaaraná?

市場：**ตลาด** talàat

練習　復習しながら 話してみよう

●基本会話の復習です。

●日本語の部分をタイ語で答えましょう。

1. A：ここにいちばん近い電車の駅はどうやって行ったらいいですか？（男性）
   B：**ออกถนนใหญ่ก่อนนะคะ แล้วเลี้ยวขวา**

2. A：チャトゥチャック公園に行けますよね？（女性）　　B：**จะไปสวนจตุจักรหรือครับ**

3. A：ワット・ポーはどちらのほうへ行ったらいいですか？（男性）　　B：**ตรงไปค่ะ**

4. A：遠いですか？（女性）　　　　　　　　　　　　B：**ไม่ไกลเท่าไรครับ**

 解答　1. **สถานีรถไฟที่ใกล้ที่นี่ที่สุด ไปอย่างไรดีครับ**　2. **ไปสวนจตุจักรได้ใช่ไหมคะ**
3. **วัดโพธิ์ จะไปทางไหนดีครับ**　4. **ไกลไหมคะ**

บทที่ 18
観光する

バンコクはすっかり大都市となってしまいましたが、至るところに寺院が点在しています。また近郊にもさまざまな観光地がありますし、地方にも何年かかっても見切れないほどいいところがたくさんあります。タイ語を駆使して旅を楽しみましょう。

▶ **วันนี้จะไปเที่ยวไหนคะ**

wan nii càʔ pay thîaw nǎy kháʔ
ワン ニー チャ パイ ティーアオ ナィ カ

今日はどこへ観光に行きますか？

▶ **ตลาดน้ำต้องไปเช้าๆ นะคะ**

talàat náam tôŋ pay cháaw cháaw náʔ kháʔ
タラート ナーム トング パイ チャーオ チャーオ ナ カ

水上マーケットは朝早く行かなければなりませんよ。

▶ **เพราะว่า เขาเริ่มขายตั้งแต่เช้ามืด**

phrɔʔ wâa   kháw rôəm khǎay tâŋtὲε cháaw mûɯt
プロ ワー   カォ ルーム カーィ タングテー チャーオ ムート

พอของหมดก็จะเลิกค่ะ

phɔɔ khɔ̌ɔŋ mòt kɔ̂ʔ càʔ lôək kháʔ
ポー コーング モト コ チャ ルーク カ

朝暗いうちから売り始め、ものがなくなると終わりになるからです。

ホテル従業員

▶ **ที่โรงแรมนี้ก็มีทัวร์นำเที่ยวตลาดน้ำค่ะ**

thîi rooŋ rεεm níi kɔ̌ʔ mii thua nam thîaw talàat náam kháʔ
ティー ローング レーム ニー コ ミー トゥーア ナム ティーアオ タラート ナーム カ

このホテルにも、水上マーケットへのツアがありますよ。

| 解説 | **ทำไม** は「なぜ～ですか？」という疑問文を作ることばで、それに対する答えには「なぜならば～だからです」にあたる **เพราะว่า** を用います。**ว่า** を用いず **เพราะ** とだけいうこともあります。**พอ~ก็…** は |

ไปเที่ยว : 観光する、遊びに行く　　ตลาดน้ำ : 水上マーケット

เช้าๆ : 朝早く　　อ้าว : えっ　　ทำไม : なぜ　　ล่ะ : (疑問の強調)

เพราะว่า~ : ～だからです、なぜならば～　　เริ่ม~ : ～し始める

ขาย : 売る　　เช้ามืด : 朝暗いうち　　พอ~ : ～すると　　ของ : もの

หมด : なくなる　　เลิก : やめる　　ตื่นเช้า : 朝早く起きる

ให้ได้ : 何としても、必ず　　โรงแรม : ホテル　　ทัวร์ : ツア

นำเที่ยว : 観光ガイドする　　เดี๋ยว : すぐに

จอง : 予約する　　~ดีกว่า : ～したほうがいい、～のほうがいい

◀ อยากจะไปเที่ยวตลาดน้ำครับ

yàak càʔ pay thîaw talàat náam khráp

ヤーク チャ パイ ティーアオ タラート ナーム クラブ

水上マーケットへ行きたいと思っています。

◀ อ้าว ทำไมล่ะครับ

ʔâaw　thammay lâʔ khráp

アーオ　タムマィ ラ クラブ

えっ、なぜですか？

◀ งั้น ต้องพรุ่งนี้นะครับ พรุ่งนี้จะตื่นเช้าให้ได้

ŋán　tɔ̂ŋ phrûŋ níi náʔ khráp　phrûŋ níi càʔ tùuɯn cháaw hây dâay

ンガン　トング プルング ニー ナ クラブ　プルング ニー チャ トゥーン チャーオ ハィ ダーィ

田中

แล้วไปอย่างไรดีครับ

lɛ́ɛw pay yaŋŋay dii khráp

レーオ パイ ヤングンガィ ディー クラブ

では明日でなければなりませんね。明日は何としても朝早く起きなければ。で、どうやって行ったらいいですか？

◀ หรือครับ เดี๋ยวไปจองดีกว่า

rɯ̌ɯ khráp　dǐaw pay cɔɔŋ dii kwàa

ルー クラブ　ディーアオ パイ チョーング ディー クワー

そうですか。すぐに予約に行ったほうがいいですね。

「～すると…」を表わします。~**ดีกว่า** は、前に名詞的なことばが置かれた場合には「～のほうがいい」、動詞的なことばや文が置かれた場合には「～したほうがいい」という意味を表わす便利なことばです。

関連表現／使える表現

B 36

●観光地で

エメラルド寺院を見に行きたいです。（男性）	**อยากไปชมวัดพระแก้วครับ** yàak pay chom wát phráʔkɛ̂ɛw khráp
入場料はいくらですか？（女性）	**ค่าผ่านประตูเท่าไรคะ** khâa phàan pratuu thâwrày kháʔ
・タイ人は20バーツ、外国人は50バーツです。（男性）	**คนไทย ๒๐ บาท คนต่างชาติ ๕๐ บาทครับ** khon thay yîi sìp bàat khon tàaŋ châat hâa sìp bàat khráp
ここは写真を撮ってもいいですか？（女性）	**ที่นี่ถ่ายรูปได้ไหมคะ** thîi nîi thàay rûup dâay máy kháʔ
シャッターを押してください。（男性）	**ช่วยกดให้หน่อยครับ** chûay kòt hây nɔ̀y khráp
一緒に写真を撮らせていただけますか？（女性）	**ขอถ่ายรูปด้วยได้ไหมคะ** khɔ̌ɔ thàay rûup dûay dâay máy kháʔ
靴を脱がなければなりませんか？（男性）	**ต้องถอดรองเท้าไหมครับ** tɔ̂ŋ thɔ̀ɔt rɔɔŋtháaw máy khráp
・脱いだほうがいいです。（女性）	**ถอดดีกว่าค่ะ** thɔ̀ɔt dii kwàa khâʔ
ここは立入禁止です。（男性）	**ที่นี่ห้ามเข้าครับ** thîi nîi hâam khâw khráp

B 37

●観光ツア

ワニ園へのツアはありますか？（男性）	**มีทัวร์นำเที่ยวฟาร์มจระเข้ไหมครับ** mii thua nam thîaw faam cɔɔrakhêe máy khráp
どこどこへ行きますか？（女性）	**ไปไหนบ้างคะ** pay nǎy bâaŋ kháʔ
何時に出発しますか？（男性）	**ออกกี่โมงครับ** ʔɔ̀ɔk kìi mooŋ khráp
何時に戻ってきますか？（女性）	**กลับมากี่โมงคะ** klàp maa kìi mooŋ kháʔ
日本語のガイドはいますか？（男性）	**มีไกด์ภาษาญี่ปุ่นไหมครับ** mii káy phaasǎa yîipùn máy khráp
タクシーをチャーターしたほうがいいです。（女性）	**จ้างแท็กซี่ดีกว่าค่ะ** câaŋ théksii dii kwàa khâʔ

ワンポイント アドバイス

　　王宮や王族関係の寺院などでは、だらしのない服装では入場を拒否されることもありますから、注意が必要です。また、場所によっては、タイ人と日本人とで入場料等に差がある場合もあります。タイ人はおおむね他人の宗教に関しては寛容ですが、自分の宗教には敬虔な人が多いので、宗教的に重要な場所に対しては十分に敬意をはらう必要があります。

《関連単語ブック》

通訳：**ล่าม** lâam

お寺：**วัด** wát

仏像：**พระพุทธรูป** phráʔ phúttharûup

博物館：**พิพิธภัณฑ์** phiphítthaphan

大学：**มหาวิทยาลัย** mahǎawitthayaalay

学校：**โรงเรียน** rooŋ rian

ショッピングセンター：**ศูนย์การค้า** sǔun kaan kháa

デパート：**ห้างสรรพสินค้า** hâaŋ sàpphasǐnkháa

本屋：**ร้านขายหนังสือ** ráan khǎay nǎŋsʉ̌ɯ

薬屋：**ร้านขายยา** ráan khǎay yaa

 練習 復習しながら 話してみよう

●基本会話の復習です。

●日本語の部分をタイ語で答えましょう。

1．A：**วันนี้จะไปเที่ยวไหนครับ**　　　B：水上マーケットへ行きたいと思っています。（女性）

2．A：**ตลาดน้ำ ต้องไปเช้าๆ นะคะ**　　　　　　B：えっ、なぜですか？（男性）

3．A：入場料はいくらですか？（女性）　　B：**คนไทย ๒๐ บาท คนต่างชาติ ๔๐ บาทครับ**

4．A：靴を脱がなければなりませんか？（男性）　　B：**ถอดดีกว่าค่ะ**

 1．**อยากจะไปเที่ยวตลาดน้ำค่ะ**　2．**อ้าว ทำไมล่ะครับ**

　　3．**ค่าผ่านประตูเท่าไรคะ**　4．**ต้องถอดรองเท้าไหมครับ**

　移動にどの交通手段を選ぶかは、効率のよい旅をする上でとても重要なことです。ありあまるほどの時間があればまた別ですが、一般の旅行ではむしろ時間がかなり限られているのが普通でしょうから、どうしても重視せざるを得ないのは時間だと思います。

　地方への移動の場合、経済的に余裕があれば飛行機がいちばんです。もっとも時間を節約できる手段です。他の交通手段ならば 10 時間かかるところを 1 時間で行けるのですから、ある程度高くても納得がいきます。

　その次は、長距離バスです。時間的には電車とそう変わりはないですが、何といっても快適です。豪華なシートにトイレつきのバスが飛行機の 10 分の 1 くらいの値段で提供されています。うまく夜行を利用できれば、時間のロスも最小限に抑えることができます。電車が未発達な分、長距離バス網は全国あらゆる地点をカバーしているのも利点です。

　それに対して電車は最後の手段、といってもいいかと思います。決して快適なものということはできず、電車での旅自体が目的でない限り、メリットは少ないと思います。

　バンコクでの移動は、どこへ行くかによって自ずから決まってくると思います。

　いちばん便利で快適なのは新たに開業した BTS です。カバーしている地域は狭いものの、スクムウィット、サヤーム・スクエア、チャトゥチャック、スィーロムなど重要な地点をしっかり押さえているため、特に観光客にはとてもメリットが大きいです。

　一方、古い鉄道に関しては、おおむね 1 時間に 1 本程度の設定であることもあり、また中心から郊外へ出ていく方向にあるので、バンコク内の移動には向かない、といっていいでしょう。

　残るはタクシーかバスか、というところですが、経済的に余裕があればやはりタクシーのほうが快適でしょう。乗り換えなしでどこへでも行けるのは便利です。

　逆に何とか安くすまそう、と思えばバスを駆使して、ということになります。もっとも、どこへ行くにもバスに乗り、あちこちで何本ものバスを乗り換えて、ということになれば、バンコク内の地理にも明るくなったり、またあちこちでまた新しい発見ができるなど、副産物も少なくないことでしょう。

チェックタイム ⑥

●第16課から第18課の復習です。以下の問題にチャレンジしましょう。

1．次の文を日本語に訳しましょう。

　① รถเมล์มีทุกกี่นาทีคะ/ครับ

　② แถวนี้มีร้านที่มีบริการอินเตอร์เน็ตไหมคะ/ครับ

　③ ค่าผ่านประตูเท่าไรคะ/ครับ

2．次の文をタイ語で発音しましょう。

　①どこで乗り換えたらいいですか？

　②王宮前広場はどちらのほうですか？

　③ここは写真を撮ってもいいですか？

3．タイ語で次の質問に答えましょう。（括弧内のことばを用いて）

　① รถเมล์กับรถไฟฟ้าบีทีเอส อย่างไหนสะดวกกว่ากันคะ/ครับ（BTS）

　② เป็นอะไรคะ/ครับ（道に迷った）

　③ ต้องถอดรองเท้าไหมคะ/ครับ（脱いだほうがいい）

解答　　1．①バスは何分おきにありますか？
　　　　　　②この辺りに、インターネットのサービスがある店はありますか？
　　　　　　③入場料はいくらですか？
　　　　2．① ต่อรถที่ไหนดีคะ/ครับ
　　　　　　② สนามหลวงอยู่ทางไหนคะ/ครับ
　　　　　　③ ที่นี่ถ่ายรูปได้ไหมคะ/ครับ
　　　　3．① รถไฟฟ้าบีทีเอสสะดวกกว่าค่ะ/ครับ
　　　　　　② หลงทางค่ะ/ครับ
　　　　　　③ ถอดดีกว่าค่ะ/ครับ

บทที่ 19

レンタカーを借りる

バンコクではともかく、地方の観光地などではタクシーなどがなく、
移動が不便なことも少なくありません。限られた時間で広い範囲を見
て歩きたい場合など、レンタカーを借りるのも 1 つの方法です。

B 44

▶ **ที่นี่มีจิ๊ปให้เช่าใช่ไหมครับ**

thîi nîi mii cíip hây châw chây máy khráp

ティー ニー ミー チープ ハイ チャオ チャイ マイ クラブ

ここにはジープのレンタカーがありますよね？

▶ **ครับ อยากจะเช่าจิ๊ปครับ ค่าเช่าวันหนึ่งเท่าไรครับ**

khráp yàak cà? châw cíip khráp khâa châw wan nùŋ thâwrày khráp

クラブ ヤーク チャ チャオ チープ クラブ カー チャオ ワン ヌング タオライ クラブ

はい、ジープを借りたいんですが。レンタル料は 1 日いくらですか？

▶ **ลดได้ไหมครับ**

lót dâay máy kháp

ロト ダーイ マイ クラブ

値引きはできますか？

田中

▶ **จะเช่าแค่ ๒ วันครับ เพราะมะรืนนี้**

cà? châw khɛ̂ɛ sɔ̌ɔŋ wan khráp phrɔ́? máruɯɯn níi

チャ チャオ ケー ソーング ワン クラブ プロ マルーン ニー

จะต้องกลับกรุงเทพฯ

cà? tɔ̂ŋ klàp kruŋthêep

チャ トング クラブ クルングテープ

2 日だけです。あさってにはバンコクに帰らなければならないので。

解説

ให้ は以前にも出てきましたが、「〜させる」という使役の意味を表
わします。**เช่า**「賃借りする」に対する「賃貸しする」という単語がな
いので、**ให้เช่า**「賃借りさせる→賃貸しする」となっています。「バン

จี๊ป ： ジープ　　ให้~ ： ～させる

เช่า ： 賃借りする　　ให้เช่า ： 賃貸しする

ค่าเช่า ： 賃貸料、レンタル料　　วันหนึ่ง ： 1 日

กี่วัน ： 何日間　　อาทิตย์หนึ่ง ： 1 週間

มะรืนนี้ ： あさって、明後日　　กลับ ： 帰る

กรุงเทพฯ ： バンコク

~หรือ… ： ～か…、あるいは、それとも

ใบขับขี่นานาชาติ ： 国際運転免許証

◀ **มีค่ะ จะเช่าจี๊ปหรือคะ**

mii khâ? cà? châw cíip rɯ̌ɯ khá?
ミー カ　チャ チャオ チープ ルー カ

あります。ジープを借りるのですか?

◀ **วันหนึ่ง ๑,๐๐๐ บาทค่ะ**

wan nɯŋ phan bàat khâ?
ワン ヌング パン バート カ

1 日 1,000 バーツです。

◀ **คุณจะเช่ากี่วันคะ ถ้าเช่าอาทิตย์หนึ่ง วันหนึ่ง ๙๐๐ บาทก็ได้ค่ะ**

khun cà? châw kii wan khá? thâa châw ?aathít nɯŋ wan nɯŋ kâaw rɔ́ɔy bàat kɔ̂? dâay khâ?
クン チャ チャオ キー ワン カ　ター チャオ アーティト ヌング　ワン ヌング カーオ ローイ バート コ ダーイ カ

あなたは何日借りますか?　もし 1 週間借りるならば、1 日 900 バーツでいいですよ。

レンタカー店
従業員

◀ **ถ้างั้น ๒,๐๐๐ บาทนะคะ**

thâa ŋán sɔ̌ɔŋ phan bàat ná? khá?
ター ンガン ソーング パン バート ナ カ

ขอดูพาสปอร์ตหรือใบขับขี่นานาชาติค่ะ

khɔ̌ɔ duu pháatsapɔ̀ɔt rɯ̌ɯ bay khàp khìi naanaa châat khâ?
コー ドゥー パートサポート ルー バィ カプ キー ナーナー チャート カ

では 2,000 バーツですね。パスポートか国際運転免許証を見せてください。

コク」のことはタイ語では **กรุงเทพฯ** といいます。これを直訳したのがいわゆる「天使の都」です。**A หรือ B** で「A か B」を表わします。「A ですか、それとも B ですか?」という疑問文になる場合もあります。

関連表現／使える表現

●レンタカーを借りる

ワゴン車のレンタカーはありますか？（女性）

มีรถตู้ให้เช่าไหมคะ
mii rót tûu hây châw máy khá?

2,000CC クラスのオートマ車はありますか？（男性）

มีรถขนาด ๒,๐๐๐ ซีซี เกียร์อัตโนมัติไหมครับ
mii rót khanàat sɔ̌ɔŋ phan siisii kia ?àttanoomát
máy khráp

国際運転免許証はありますか？（女性）

มีใบขับขี่นานาชาติไหมคะ
mii bay khàp khìi naanaa châat máy khá?

・持ってきませんでした。（男性）

ไม่ได้เอามาครับ
mây dây ?aw maa khráp

デポジットを2,000バーツいただきます。（女性）

ขอเงินประกัน ๒,๐๐๐ บาทค่ะ
khɔ̌ɔ ŋən prakan sɔ̌ɔŋ phan bàat khâ?

パスポートのコピーをとらせていただきますよ。（男性）

ขอถ่ายพาสปอร์ตนะครับ
khɔ̌ɔ thàay pháatsapɔ̀ɔt ná? khráp

ガソリン代は別ですよ。（女性）

ค่าน้ำมัน ต่างหากนะคะ
khâa námman tàaŋ hàak ná? khá?

明日の午後8時前に返しに来なければなりませんよ。（男性）

ต้องเอามาคืนก่อน ๒ ทุ่มพรุ่งนี้นะครับ
tɔ̂ŋ ?aw maa khɯɯn kɔ̀ɔn sɔ̌ɔŋ thûm phrûŋ nii ná? khráp

●ガソリンスタンドで

満タンにお願いします。（女性）

เติมเต็มถังค่ะ
təəm tem thǎŋ khâ?

冷却水を補充してください。（男性）

ช่วยเติมน้ำในหม้อน้ำให้หน่อยครับ
chûay təəm náam nay mɔ̂ɔ náam hây nɔ̀y khráp

エンジンオイルをチェックしてください。（女性）

ช่วยเช็คน้ำมันเครื่องให้หน่อยค่ะ
chûay chék námman khrɯ̂aŋ hây nɔ̀y khâ?

●その他

ここは駐車できますか？（男性）

ที่นี่จอดได้ไหมครับ
thîi nîi cɔ̀ɔt dâay máy khráp

ここには電話はありますか？（女性）

ที่นี่มีโทรศัพท์ไหมคะ
thîi nîi mii thoorasàp máy khá?

ワンポイント アドバイス

　タイでレンタカーを借りる場合には、基本的には国際運転免許証が必要だ、と考えておいたほうがいいと思います。交通法規は日本とほとんど同じと考えていいと思いますが、気候、道路、車両の状態は日本とはかなり異なりますから、安全を考慮するならば、特に長い距離を走行する場合にはこまめに点検する、あるいは点検を受ける必要があります。

B 48

《関連単語ブック》

レンタカー ： **รถเช่า** rót châw

乗用車 ： **รถเก๋ง** rót kěŋ

ピックアップ ： **รถกระบะ** rót krabàʔ

マニュアル・シフト ： **เกียร์มือ** kia mɯɯ

アクセル ： **คันเร่ง** khan rêŋ

ブレーキ ： **เบรก** brèek

ハンドル ： **พวงมาลัย** phuaŋ maalay

ミラー ： **กระจก** kracòk

ライト ： **ไฟ** fay

タイヤ ： **ยาง** yaaŋ

 練習　復習しながら 話してみよう

B 49

●基本会話の復習です。

B 50

●日本語の部分をタイ語で答えましょう。

1．A：ここにはジープのレンタカーがありますよね？（男性）　　　B：**มีครับ**

2．A：**จะเช่าจิ๊ปหรือคะ**　　B：はい、ジープを借りたいんですが。（男性）

3．A：レンタル料は1日いくらですか？（女性）　　B：**วันหนึ่ง ๑,๐๐๐ บาทครับ**

4．A：**มีใบขับขี่นานาชาติไหมคะ**　　　　　B：持ってきませんでした。（男性）

解答　1．**ที่นี่มีจิ๊ปให้เช่าใช่ไหมครับ**　2．**ครับ อยากจะเช่าจิ๊ปครับ**

　　3．**ค่าเช่าวันหนึ่งเท่าไรคะ**　4．**ไม่ได้เอามาครับ**

บทที่ 20
服を買う

タイでは品質の良い衣類が日本に比べると安い値段で購入できます。あまり衣類は持たずに行き、現地で調達する、というのも1つの手かもしれません。思い切って店員さんと話してみましょう。

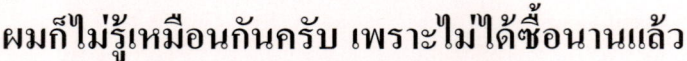

B 51

▶ **อยากจะซื้อกางเกงยีนส์ครับ**

yàak càʔ súɯ kaaŋkeeŋ yiin khráp
ヤーク　チャ　スー　カーングケーング　イーン　クラブ

ジーンズを買いたいのですが。

▶ **อยากได้สีน้ำเงินเข้มครับ สำหรับขนาด**

yàak dây sǐi námŋən khêm khráp　sǎmràp khanàat
ヤーク　ダイ　スィー　ナムングン　ケム　クラブ　サムラプ　カナート

ผมก็ไม่รู้เหมือนกันครับ เพราะไม่ได้ซื้อนานแล้ว

phǒm kɔ̂ʔ mây rúu mǔɯan kan khráp　phrɔ́ʔ mây dây súɯ naan léɛw
ポム　コ　マィ　ルー　ムーアン　カン　クラブ　プロ　マィ　ダィ　スー　ナーン　レーオ

濃い青が欲しいです。サイズについては、私にもわかりません。長いこと買っていないので。

田 中

▶ **รู้สึกว่า หลวมไปนิดหน่อยครับ ลอง ๓๒ ได้ไหมครับ**

rúusùk wâa　lǔam pay nítnɔ̀y khráp　lɔɔŋ sǎam sìp sɔ̌ɔŋ dâay máy khráp
ルースク　ワー　ルーアム　パィ　ニトノィ　クラブ　ローング　サーム　スィプ　ソーング　ダーィ　マィ　クラブ

ちょっとゆるすぎるように感じます。32を試着してみていいですか？

▶ **ที่นี่ใช้การ์ดได้ใช่ไหมครับ**

thîi nîi cháy káat dâay cháy máy khráp
ティー　ニー　チャィ　カート　ダーィ　チャィ　マィ　クラブ

ここはカードは使えますよね？

解
説

　ลอง は「試す」、**ดู** は「見る」なので、**ลอง~ดู** と並べると「(試しに) ～してみる」という意味になります。ここでは「着る」という意味の **ใส่** と用いられているので、**ลองใส่ดู** で「(試しに) 着てみ

語句の説明

กางเกงยีนส์ : ジーンズ　　สี : 色　　สีอะไร : 何色　　ขนาด : サイズ
อยากได้ : 欲しい　　สีน้ำเงิน : 青　　เข้ม : （色が）濃い
สำหรับ~ : ～については　　วัด : 測る　　เอว : ウエスト、腰
ลอง : 試す　　ใส่ : 着る、身につける　　รู้สึก : 感じる
หลวม : （服などが）ゆるい　　~ไป : ～すぎる
นิดหน่อย : 少し、ちょっと　　พอดี : ちょうど、ぴったり
ตัด : 切る　　ขา : （ズボンなどの）裾、脚　　ใช้ : 使う
การ์ด : （クレジット）カード　　ทางนี้ : こちら（のほう）

◀ **สีอะไรดีคะ แล้วก็ขนาดเท่าไรคะ**

sii ʔaray dii kháʔ　lɛ́ɛw kɔ̂ khanàat thâwrày kháʔ
スィー　アライ　ディー　カ　レーォ　コ　カナート　タォライ　カ

何色がよろしいですか？　それからサイズはいくつですか？

◀ **ไม่เป็นไรค่ะ งั้น ขอวัดเอวหน่อยนะคะ… ๓๓ ค่ะ**

mâypenray kháʔ　ŋán　khɔ̌ɔ wát ʔew nɔ̀y náʔ kháʔ　sǎam sip sǎam kháʔ
マイペンライ　カ　ンガン　コー　ワト　エォ　ノィ　ナ　カ　サーム　スィブ　サーム　カ

ลองใส่ดูดีกว่านะคะ

lɔɔŋ sày duu dii kwàa náʔ kháʔ
ローング　サィ　ドゥー　ディー　クワー　ナ　カ

大丈夫です。ではウエストを測らせてくださいね…　33です。試着してみられ
たほうがいいですよね。

デパート店員

◀ **ได้ค่ะ นี่ค่ะ… พอดีนะคะ ไม่ต้องตัดขาด้วย… ๙๖๗ บาทค่ะ**

dâay kháʔ　nii kháʔ　phɔɔdii náʔ kháʔ　mây tɔ̂ŋ tàt khǎa dûay　kâaw rɔ́ɔy hòk sìp cèt bàat kháʔ
ダーィ　カ　ニー　カ　ポーディー　ナ　カ　マィ　トング　タト　カー　ドゥーァィ　カーォ　ローィ　ホク　スィブ　チェト　バート　カ

いいですよ。はいどうぞ…　ぴったりですね。裾も切らずにすみます…　967 バーツです。

◀ **ได้ค่ะ เชิญทางนี้เลยค่ะ**

dâay kháʔ　chəən thaaŋ nii ləəy kháʔ
ダーィ　カ　チューン　ターング　ニー　ルーィ　カ

使えます。どうぞこちらへどうぞ。

る」となっています。間に他の動詞を入れずに **ลองดู** といえば「や
ってみる」という意味になります。

関連表現／使える表現

● 店員と

ほかの色はありますか？（女性）

มีสีอื่นไหมคะ
mii sǐi ʔùɯn máy khá?

これよりも大きい［小さい］サイズ
はありますか？（男性）

มีขนาดใหญ่ [เล็ก] กว่านี้ไหมครับ
mii khanàat yày [lék] kwàa níi máy khráp

他の柄はありますか？（女性）

มีลายอื่นไหมคะ
mii laay ʔùɯn máy khá?

首回りを測ってもらえますか？（男性）

ช่วยวัดคอหน่อยได้ไหมครับ
chûay wát khɔɔ nɔ̀y dâay máy khráp

これはきれはなんですか？　きれい
ですね。（女性）

นี่ผ้าอะไรคะ สวยนะคะ
nîi phâa ʔaray khá? sǔay ná? khá?

・シルクです。（男性）

ผ้าไหมครับ
phâa mǎy khráp

縮みますか？（女性）

หดไหมคะ
hòt máy khá?

・伸びます。（男性）

ยืดครับ
yʉ̂ɯt khráp

もし裾を切ると、時間はどのくらい
かかりますか？（女性）

ถ้าจะตัดขา ต้องใช้เวลาสักเท่าไรคะ
thâa cà? tàt khǎa tɔ̂ŋ cháy weelaa sák thâwrày khá?

裾の直し代はいくらですか？（男性）

ค่าทำขาเท่าไรครับ
khâa tham khǎa thâwrày khráp

● 受付で

ここには水着はありますか？（女性）

ที่นี่มีชุดว่ายน้ำขายไหมคะ
thîi nîi mii chút wâay náam khǎay máy khá?

・あります。（男性）

มีครับ
mii khráp

・ありません。（男性）

ไม่มีครับ
mây mii khráp

女性衣類売場は何階ですか？（女性）

แผนกเสื้อผ้าผู้หญิงอยู่ชั้นไหนคะ
phanèɛk sʉ̂a phâa phûu yǐŋ yùu chán nǎy khá?

・3階です。（男性）

อยู่ชั้น ๓ ครับ
yùu chán sǎam khráp

ワンポイント アドバイス

　タイというと、買い物の際には値引きをしてもらえる、という感覚があるかもしれませんが、実際には値引きをしてもらえるところはかなり限られている、といってもいいと思います。市場や、露天などです。それに対して、ショッピングセンターにテナントで入っているような店、デパート、スーパーマーケット、コンビニエンスストアなど商品に正札がきちんとついているような店ではまず値引きをすることはありませんし、それを要求すること自体みっともないことですから注意しましょう。

《関連単語ブック》

ズボン、スラックス： **กางเกง** kaaŋkeeŋ

スカート： **กระโปรง** kraprooŋ

スーツ： **สูท** sùut

ワイシャツ： **เสื้อเชิ้ต** sûa chə́ət

上着： **เสื้อนอก** sûa nɔ̂ɔk

下着： **เสื้อชั้นใน** sûa chán nay

ハンカチ： **ผ้าเช็ดหน้า** phâa chét nâa

靴下： **ถุงเท้า** thǔŋ tháaw

ストッキング： **ถุงน่อง** thǔŋ nɔ̂ŋ

色が薄い： **อ่อน** ʔɔ̀ɔn

 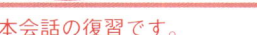
練習　復習しながら　話してみよう

●基本会話の復習です。

●日本語の部分をタイ語で答えましょう。

1．A： **สีอะไรดีครับ**　　　　　　　　B：濃い青が欲しいです。（女性）

2．A： **ขนาดเท่าไรคะ**　　　　　　　　B：私にもわかりません。（男性）

3．A：ここはカードは使えますよね？（女性）　B： **ได้ครับ**

4．A：女性衣類売場は何階ですか？（男性）　B： **อยู่ชั้น ๓ ค่ะ**

> **解答**　1． **อยากได้สีน้ำเงินเข้มค่ะ**　2． **ผมก็ไม่รู้เหมือนกันครับ**
> 　3． **ที่นี่ใช้การ์ดได้ใช่ไหมคะ**　4． **แผนกเสื้อผ้าผู้หญิงอยู่ชั้นไหนครับ**

サンデーマーケットへ行く

市場では、商品には値段がついていないことも普通ですから、買い物は値段を尋ねるところから始まります。値引きの交渉も重要な要素の1つです。

▶ **นี่ผ้าอะไรคะ ใช้ทำอะไรคะ**

nîi phâa ʔaray kháʔ cháy tham ʔaray kháʔ
ニー　パー　アライ　カ　　チャイ　タム　アライ　カ

これは何の布ですか？　何に使いますか？

▶ **ผืนละเท่าไรคะ**

phǔɯn láʔ thâwrày kháʔ
プーン　ラ　タォライ　カ

1枚いくらですか？

佐々木

▶ **ซื้อ ๓ ผืน ๑๕๐ ได้ไหมคะ**

súɯ sǎam phǔɯn rɔ́ɔy hâa sìp dâay máy kháʔ
スー　サーム　プーン　　ローイ　ハー　スィブ　ダーイ　マィ　カ

3枚買って150でいいですか？

▶ **งั้น ซื้อ ๕ ผืน ๒๘๐ ก็แล้วกันนะคะ**

ŋán súɯ hâa phǔɯn sɔ̌ɔŋ rɔ́ɔy pèet sìp kɔ̂ʔ lɛ́ɛw kan náʔ kháʔ
ンガン　スー　ハー　プーン　　ソーング　ローイ　ベート　スィブ　コ　レーォ　カン　ナ　カ

じゃあ、5枚買って280ということにしましょうね。

解説　**มักจะ** は、動詞句の前に置いて「よく〜する、〜することが多い」という意味を表わします。**อาบน้ำ** は **น้ำ**「水」を **อาบ**「浴びる」ですが、1年中暑いタイではとても重要なことばです。**~ละ…**で「〜

ผ้า : 布、きれ

ผ้าขาวม้า : パー・カーオ・マー（水浴びの時などに用いる綿地の布）

เช็ด : 拭く　　**มือ** : 手　　**หน้า** : 顔

มักจะ~ : よく〜する、〜することが多い

คาด : 布などを巻いて留める

อาบน้ำ : 水を浴びる　　**ผืน** : 布の類別詞

~ละ : 〜につき　　**ไม่...หรอก** : …などではない（否定の強調）

ขาดทุน : 損をする　　**เออ** : うーん　　**โอ.เค.** : OK

◀ **ผ้าขาวม้าครับ ใช้ทำอะไรก็ได้ เช็ดมือ เช็ดหน้า เช็ดตัว**

phâa khǎaw máa khráp　cháy tham ʔaray kɔ̂ʔ dâay　chét muɯ　chét nâa　chét tua

パー　カーオ　マー　クラプ　チャイ　タム　アライ　コ　ダーイ　チェト　ムー　チェト　ナー　チェト　トゥーア

เรามักจะใช้คาดเอวไปอาบน้ำครับ

raw mák càʔ cháy khâat ʔew pay ʔàap náam khráp

ラオ　マク　チャ　チャイ　カート　エオ　パイ　アープ　ナーム　クラプ

パー・カーオ・マーです。何に使ってもかまいません。手を拭いたり、顔を拭
いたり、身体を拭いたり。私たちはよく腰に巻いて水を浴びに行きます。

◀ **ผืนละ ๘๐ บาทครับ**

phǔɯn láʔ pɛ̀ɛt sip bàat khráp

プーン　ラ　ペート　スィプ　バート　クラプ

1枚80バーツです。

布地店の店員

◀ **ไม่ได้หรอกครับ ขาดทุน**

mây dâay rɔ̀ɔk khráp　khàat thun

マイ　ダーイ　ローク　クラプ　カート　トゥン

そんなことはできません。損をします。

◀ **เออ... โอ.เค.ครับ**

ʔəə　ʔookhee khráp

ウー　　オーケー　クラプ

うーん、いいでしょう。

につき…」という意味を表わしますが、〜の位置には通常類別詞が
置かれます。

関連表現／使える表現

●店の人と

これはどのような売り方ですか？（男性）

นี่ขายอย่างไรครับ

nîi khǎay yaŋŋay khráp

・1キロにつき30バーツです。（女性）

กิโลละ ๓๐ บาทค่ะ

kiloo láʔ sǎam sìp bàat khâʔ

高すぎます。（男性）

แพงไปครับ

phɛɛŋ pay khráp

もうちょっとまけてもらえないんですか？（女性）

ลดอีกหน่อยไม่ได้หรือคะ

lót ʔìik nɔ̀y mây dâay rɯ̌ɯ khá?

30バーツで買ったことがあります。（男性）

เคยซื้อ ๓๐ บาทครับ

khəəy sɯ́ɯ sǎam sìp bàat khráp

わざわざ日本から買いに来たんですよ。（女性）

อุตส่าห์มาซื้อจากญี่ปุ่นนะคะ

ʔùtsàa maa sɯ́ɯ càak yîipùn ná? khá?

日本へ持って行かなければなりません。（女性）

ต้องเอาไปญี่ปุ่นค่ะ

tɔ̂ŋ ʔaw pay yîipùn khâ?

友人へのおみやげです。（男性）

เอาไปฝากเพื่อนครับ

ʔaw pay fàak phɯ̂an khráp

袋に入れてください。（女性）

ใส่ถุงให้หน่อยค่ะ

sày thǔŋ hây nɔ̀y khâ?

包んでください。（男性）

ช่วยห่อให้หน่อยครับ

chûay hɔ̀ɔ hây nɔ̀y khráp

ひもでしばってもらえますか？（女性）

ช่วยเอาเชือกมัดให้หน่อยได้ไหมคะ

chûay ʔaw chɯ̂ak mát hây nɔ̀y dâay máy khá?

すぐにもう一度見に来ますね。（男性）

เดี๋ยวมาดูอีกทีหนึ่งนะครับ

dǐaw maa duu ʔìik thii nɯ̀ŋ ná? khráp

先にほかの店を見てきますね。（女性）

ไปดูร้านอื่นก่อนนะคะ

pay duu ráan ʔɯ̀ɯn kɔ̀ɔn ná? khá?

ワンポイント アドバイス

　バンコクのサンデーマーケットというと、普通はチャトゥチャック公園の市場のものをいいます。チャトゥチャック公園はバンコクの中心からは北にはずれたところにありますが、BTSの終点のモーチットからは歩いてすぐですから、今では交通の便はとても良くなりました。広い構内にほとんどあらゆるものが売られています。名前はサンデーマーケットですが、土曜日・日曜日に店が出ます。時間があればぜひ一度は訪れてみたい場所です。

B 59

《関連単語ブック》

指輪： **แหวน** wěɛn

腕輪： **กำไล** kamlay

ネックレス： **สร้อย** sɔ̂y

イヤリング： **ตุ้มหู** tûm hǔu

キーホルダー： **พวงกุญแจ** phuaŋ kuncɛɛ

人形： **ตุ๊กตา** túkkataa

時計： **นาฬิกา** naalikaa

CD： **CD** sii dii

ビデオ CD： **VCD** wii sii dii

果物： **ผลไม้** phǒnlamáay

 **復習**しながら **話**してみよう

B 60

●基本会話の復習です。

B 61

●日本語の部分をタイ語で答えましょう。

1．A：これは何に使いますか？（男性）　　B：ใช้ทำอะไรก็ได้ค่ะ

2．A：1枚いくらですか？（女性）　　B：ผืนละ ๘๐ บาทครับ

3．A：3枚買って150でいいですか？（男性）　　B：ไม่ได้หรอกค่ะ

4．A：これはどのような売り方ですか？（女性）　　B：กิโลละ ๓๐ บาทครับ

 1. นี่ใช้ทำอะไรครับ　2. ผืนละเท่าไรคะ
3. ซื้อ ๓ ผืน ๑๕๐ ได้ไหมครับ　4. นี่ขายอย่างไรคะ

●バンコク

สนามหลวง sanǎam lǔaŋ　王宮前広場

王宮やワット・プラケーオ・国立博物館・国立劇場や官庁などに囲まれたタイの政治・宗教・文化の中心。

วัดพระแก้ว wát phráʔkêew　ワット・プラケーオ

エメラルド寺院とも呼ばれる王室寺院。

วัดโพธิ์ wát phoo　ワット・ポー

寝釈迦仏やタイ古式マッサージの総本山としても有名な寺院。

วัดอรุณ wát ʔarun　ワット・アルン

暁の寺とも呼ばれるチャオプラヤー河の対岸にそびえる仏塔の美しい寺院。

สวนจตุจักร sǔan càtucàk　チャトゥチャック公園

バンコクの北に位置するウィークエンド・マーケットで有名な公園。

สยามสแควร์ sayǎam sakhwɛɛ　サヤーム・スクエア

若者文化の中心の1つ。流行の先端を行く小さな店が多く並ぶ一角。

เวิลด์เทรด wəəw thrèet　ワールド・トレード・センター

バンコクの中心に位置する代表的な大規模ショッピングセンターの1つ。

พันธ์ทิพย์พลาซ่า phanthíp phlaasâa　パンティップ・プラザ

コンピュータ関係のショッピングセンター。

พัฒน์พงศ์ phátphoŋ　パッポン通り　代表的な歓楽街だが、夜は観光客向けのバザーが立つ。

สีลม siilom　スィーロム通り

代表的なビジネス街。近代的なレストランやショップなども多く、若者にも人気のあるエリア。

ข้าวสาร khâaw sǎan　カオサーン通り

値段の安さでバック・パッカーに人気がある有名なゲストハウス・エリア。

ดอนเมือง dɔɔn mɯaŋ　ドーンムアン　バンコク国際空港のある辺りの地名。

เยาวราช yawwarâat　ヤオワラート通り

バンコクの中央駅から王宮前広場にかけての中国人街。

สุขุมวิท sukhǔmwít　スクムウィット通り

高級ホテルや高級ショッピングセンターなども立ち並ぶ、日本人の居住区としても有名な通り。

●地方

เชียงใหม่ chiaŋ mày　チエンマイ　北の古都。

สุโขทัย sukhǒothay　スコータイ　タイ最初の統一王朝(13世紀)が置かれた時代の遺跡が今も残る。

อยุธยา ʔayútthayaa　アユタヤ

アユタヤ時代の都が置かれた場所。当時の遺跡群はスコータイよりも大規模。

พิมาย phímaay　ピマーイ　アンコール・ワットに似た小規模な遺跡が残る地。

พัทยา phátthayaa　パッタヤー　バンコク近郊のビーチ・リゾート。

ภูเก็ต phuukèt　プーケット　タイ南端の美しいビーチ・リゾートで有名な島。

チェックタイム ⑦

●第19課から第21課の復習です。以下の問題にチャレンジしましょう。

1．次の文を日本語に訳しましょう。

① ค่าเช่าวันหนึ่งเท่าไรคะ/ครับ

② แผนกเสื้อผ้าผู้หญิงอยู่ชั้นไหนคะ/ครับ

③ ซื้อ ๔ ผืน ๒๘๐ ก็แล้วกันนะคะ/ครับ

2．次の文をタイ語で発音しましょう。

①ここは駐車できますか？

②ジーンズを買いたいのですが。

③高すぎます。

3．タイ語で次の質問に答えましょう。（括弧内のことばを用いて）

① คุณจะเช่ากี่วันคะ/ครับ （わずか2日）

② ขนาดเท่าไรคะ/ครับ （32）

③ ใช้ทำอะไรคะ/ครับ （何に使ってもいい）

解答	1．①レンタル料は1日いくらですか？
	②女性衣類売場は何階ですか？
	③5枚買って280ということにしましょうね。
	2．① ที่นี่จอดได้ไหมคะ/ครับ
	② อยากจะซื้อกางเกงยีนส์ค่ะ/ครับ
	③ แพงไปค่ะ/ครับ
	3．① จะเช่าแค่ ๒ วันค่ะ/ครับ
	② ๓๒ ค่ะ/ครับ
	③ ใช้ทำอะไรก็ได้ค่ะ/ครับ

体調を崩す

タイと日本とでは気候も異なれば、食べ物も異なります。体調が悪くなることも予定に入れておく必要があるでしょう。自分がどういう状態であるかを的確に説明できることは、友人などと話す場合にも、また薬を買う際にも必要になりますから、しっかり練習しておきましょう。

▶ **ดูหน้าซีดนะครับ ไม่สบายหรือเปล่าครับ**

duu nâa sîit náʔ khráp　mây sabaay rɯ́ɯplàaw khráp

ドゥー　ナー　スィート　ナ　クラブ　　マイ　サバーイ　ルブラーオ　クラブ

顔色が蒼いようですね。具合が悪いですか？

▶ **เป็นอะไรครับ มีไข้ไหมครับ**

pen ʔaray khráp　mii khây máy khráp

ペン　アライ　クラブ　　ミー　カイ　マイ　クラブ

どうしましたか？　熱がありますか？

▶ **จะไปหาหมอไหมครับ ผมจะพาไป**

càʔ pay hǎa mɔ̌ɔ máy khráp　phǒm càʔ phaa pay

チャ　パイ　ハー　モー　マイ　クラブ　　ポム　チャ　パー　パイ

医者に行きますか？　私が連れて行ってあげますよ。

ทวีสิทธิ์
(タウィースィット) ▶ **ไปเที่ยวทุกวัน คงเหนื่อยนะครับ ทานยาแล้ว**

pay thîaw thúk wan　khoŋ nɯ̀ay náʔ khráp　thaan yaa lɛ́ɛw

パイ　ティーアオ　トゥク　ワン　　コング　ヌーアイ　ナ　クラブ　　ターン　ヤー　レーオ

นอนพักผ่อนมากๆ นะครับ

nɔɔn phákphɔ̀n mâak mâak náʔ khráp

ノーン　パクポン　マーク　マーク　ナ　クラブ

毎日観光で疲れたんでしょうね。薬を飲んだら、横になってたくさん休んでくださいね。

解説　　**คง** は「きっと、たぶん～でしょう」という意味で、既に前に出てきましたが、**คงจะ** と **จะ** がつくこともありますが、意味は変わりません。たぶんそうだろうとは思うけれども断定はできないよう

◀ **ค่ะ รู้สึกไม่ค่อยสบายตั้งแต่เมื่อคืนค่ะ**

khâ? rúusùk mây khɔ̂y sabaay tâŋtɛ̀ɛ mɯ̂a khɯɯn khâ?
カ　ルースク　マイ　コイ　サバーィ　タングテー　ムーァ　クーン　カ
ええ。昨夜からあまり具合が良くありません。

◀ **รู้สึกตัวร้อนนิดหน่อย แล้วก็เมื่อยทั้งตัวค่ะ**

rúusùk tua rɔ́ɔn nítnɔ̀y lɛ́ɛw kɔ̂? mɯ̂ay tháŋ tua khâ?
ルースク　トゥーァ　ローン　ニトノィ　レーォ　コ　ムーァィ　タング　トゥーァ　カ
ちょっと熱っぽくて、それから体中がだるいです。

◀ **คิดว่าคงไม่ต้องค่ะ คงจะเป็นหวัดธรรมดา ซื้อยามาทานดีกว่าค่ะ**

khít wâa khoŋ mây tɔ̂ŋ khâ?　khoŋ cà? pen wàt thammadaa　súu yaa maa thaan dii kwàa khâ?
キト　ワー　コング　マイ　トング　カ　コング　チャ　ペン　ワト　タムマダー　スー　ヤー　マー　ターン　ディー　クワー　カ
たぶんその必要はないと思います。普通の風邪でしょう。薬を買ってきて飲んだほうがいいです。

佐々木

◀ **ค่ะ ขอบคุณมากค่ะ**

khâ?　khɔ̀ɔp khun mâak khâ?
カ　コープ　クン　マーク　カ
はい。どうもありがとうございます。

な場合に、よく用いる便利なことばです。**ไปหา~** で本来は「～を
訪ねて行く」という意味ですが、**หมอ**「医者」と用いて**ไปหาหมอ**
というと「医者にかかりに行く」となります。

関連表現／使える表現

●病気の症状

鼻水がとまりません。（男性）

น้ำมูกไหลไม่หยุดครับ
nám mûuk lǎy mây yùt khráp

咳が出て、それからのどが痛みます。
（女性）

ไอ แล้วก็เจ็บคอค่ะ
ʔay léɛw kɔ̂ʔ cèp khɔɔ khâʔ

頭がとても痛みます。（男性）

ปวดหัวมากครับ
pùat hǔa mâak khráp

ひどくお腹をこわしていて、お腹が
痛みます。（女性）

ท้องเสียมากและปวดท้องค่ะ
thɔ́ɔŋ sia mâak léʔ pùat thɔ́ɔŋ khâʔ

どこが痛みますか？（男性）

ปวดตรงไหนครับ
pùat troŋ nǎy khráp

・ここが痛みます。（女性）

ปวดตรงนี้ค่ะ
pùat troŋ níi khâʔ

・この歯が痛みます。（男性）

ปวดฟันซี่นี้ครับ
pùat fan sii níi khráp

お腹が苦しいです。食べ過ぎたかも
しれません。（女性）

ท้องอืด อาจจะทานข้าวมากไปค่ะ
thɔ́ɔŋ ʔɯ̀ɯt ʔàat càʔ thaan khâaw mâak pay khâʔ

吐き気がします。（男性）

อยากอาเจียนครับ
yàak ʔaacian khráp

眠れません。（女性）

นอนไม่หลับค่ะ
nɔɔn mây làp khâʔ

だいぶ良くなりした。（男性）

ค่อยยังชั่วแล้วครับ
khɔ̂y yaŋ chûa léɛw khráp

すっかり良くなりました。（女性）

หายดีแล้วค่ะ
hǎay dii léɛw khâʔ

●その他

病院に連れて行ってください。（男性）

ช่วยพาไปโรงพยาบาลหน่อยครับ
chûay phaa pay rooŋ phayaabaan nɔ̀y khráp

薬を買ってきてください。（女性）

ช่วยซื้อยามาให้หน่อยค่ะ
chûay súɯ yaa maa hây nɔ̀y khâʔ

ここの医師は日本語［英語］を話せ
ますか？。（男性）

คุณหมอที่นี่พูดภาษาญี่ปุ่น [อังกฤษ]
khun mɔ̌ɔ thîi nîi phûut phaasǎa yîipun [ʔaŋkrit]
ได้ไหมครับ
dâay máy khráp

ワンポイント アドバイス

　「痛い、痛む」は、タイ語では **เจ็บ** ということばと **ปวด** ということばを使い分けます。けがなどをして痛む場合、あるいはぶつけたりしたときの痛みなどは **เจ็บ** を用います。それに対して、内部的な痛みには **ปวด** を用います。この課の例文の中では「のどが痛む」だけに **เจ็บ** を用いています。その他、「頭、歯、お腹」などについては **ปวด** が用いられています。

B 70

《関連単語ブック》

便秘： **ท้องผูก** thɔ́ɔŋ phùuk
腫れる： **บวม** buam
ひりひりする： **แสบ** sɛ̀ɛp
かゆい： **คัน** khan
吐く： **อาเจียน** ʔaacian
出血する： **เลือดออก** lûat ʔɔ̀ɔk
体温計： **ปรอท** parɔ̀ɔt
体温を計る： **วัดปรอท** wát parɔ̀ɔt
注射する： **ฉีดยา** chìit yaa
入院する： **เข้าโรงพยาบาล** khâw rooŋ phayaabaan

 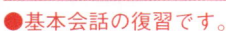 練習　復習しながら 話してみよう

B 71

●基本会話の復習です。

B 72

●日本語の部分をタイ語で答えましょう。

1．A： ไม่สบายหรือเปล่าคะ　　B：ええ、昨夜からあまり具合が良くありません。（男性）
2．A： เป็นอะไรครับ　　B：ちょっと熱っぽくて、それから体中がだるいです。（女性）
3．A： จะไปหาหมอไหมคะ　　B：たぶんその必要はないと思います。（男性）
4．A： ปวดตรงไหนครับ　　B：ここが痛みます。（女性）

 解答　1. ครับ รู้สึกไม่ค่อยสบายตั้งแต่เมื่อคืนครับ　2. รู้สึกตัวร้อนนิดหน่อย แล้วก็เมื่อยทั้งตัวค่ะ
3. คิดว่าคงไม่ต้องครับ　4. ปวดตรงนี้ค่ะ

リコンファーム

航空会社によってはリコンファームの必要のないところもありますし、時期によっては必要のないこともありますが、念のため一応しておく癖をつけましょう。カウンタに行くのが確かですが、ある程度タイ語ができるようになれば電話でも大丈夫です。

▶ **ฮัลโหล ขอคอนเฟิร์มตั๋วหน่อยค่ะ**

halə̌o   khɔ̌ɔ khɔnfəəm tǔa nɔ̀y khâʔ
ハロー   コー コンフーム トゥーァ ノィ カ

もしもし、リコンファームをお願いします。

▶ **โตเกียวค่ะ วันอาทิตย์ที่ ๖ นะคะ**

tookiaw khâʔ   wan ʔaathít thîi hòk náʔ khâʔ
トーキーァオ カ   ワン アーティト ティー ホゥ ナ カ

東京です。6日の日曜日ですよ。

▶ **ชื่อ เอ็น นามสกุล ซาซากิค่ะ เอส เอ เอส เอ เค ไอ ค่ะ**

佐々木

chûuu ʔen   naamsakun saasaakiʔ khâʔ   ʔés ʔee ʔés ʔee khee ʔay khâʔ
チュー エン   ナームサクン サーサーキ カ   エス エー エス エー ケー アィ カ

名前はN、姓はササキ、S、A、S、A、K、Iです。

▶ **๖๖๔๔๓๐๐ ค่ะ**

hòk hòk sìi sìi sǎam sǔun sǔun khâʔ
ホゥ ホゥ スィー スィー サーム スーン スーン カ

6644300です。

 　ให้~ は「〜させる」という使役を表わすことばでしたが、このことばで文章を始めると、「（私は）（あなたに）〜させる」ということから、命令を表わすことができます。**ก่อน~** は「〜する前に」、

คอนเฟิร์ม：リコンファームする	ตั๋ว：チケット
โตเกียว：東京	วันอาทิตย์：日曜日
วันที่~：〜日（日付）	เที่ยวบิน：（飛行機の）便、フライト
นามสกุล：姓	เบอร์โทรศัพท์：電話番号
เรียบร้อย：滞りなく終わる	
~นาฬิกา：〜時（24時制 - 文語）	
ไปถึง：行き着く	สนามบิน：空港
~ชั่วโมง：〜時間	ก่อน~：〜する前に

◀ **ไปไหนครับ**

pay nǎy khráp
パイ　ナイ　クラブ
どちらまでですか？

◀ **เที่ยวบิน NW 001 นะครับ ชื่ออะไรครับ**

thîaw bin ʔen dabânyuu sǔun sǔun nɯ̀ŋ náʔ khráp　chɯ̂ɯ ʔaray khráp
ティーアオ　ビン　エン　ダブンユー　スーン　スーン　ヌング　ナ　クラブ　チュー　アライ　クラブ
NW 001便ですね。お名前をお願いします。

◀ **คุณเอ็น ซาซากิ··· ขอเบอร์โทรศัพท์ครับ**

khun ʔen saasaakiʔ　khɔ̌ɔ bəə thoorasàp khráp
クン　エン　サーサーキ　コー　ブー　トーラサブ　クラブ
N・ササキさん··· 電話番号をお願いします。

航空会社職員

◀ **ครับ เรียบร้อยแล้วครับ เครื่องบินจะออก ๕ นาฬิกา ๕๐ นาที**

khráp　rîap rɔ́ɔy lɛ́ɛw khráp　khrɯ̂aŋ bin càʔ ʔɔ̀ɔk hâa naalikaa hâa sip naathii
クラブ　リーアブ　ローィ　レーオ　クラブ　クルーアング　ビン　チャ　オーク　ハー　ナーリカー　ハー　スィブ　ナーティー

ให้ไปถึงสนามบิน ๒ ชั่วโมงก่อนเครื่องบินจะออกนะครับ ขอบคุณครับ

hây pay thɯ̌ŋ sanǎam bin sɔ̌ɔŋ chûamooŋ kɔ̀ɔn khrɯ̂aŋ bin càʔ ʔɔ̀ɔk náʔ khráp　khɔ̀ɔp khun khráp
ハイ　バイ　トゥング　サナーム　ビン　ソーング　チューアモーング　コーン　クルーアング　ビン　チャ　オーク　ナ　クラブ　コーブ　クン　クラブ
はい。すっかり終わりました。飛行機は午前5時50分に出ます。飛行機が出る
2時間前に空港へ行ってください。ありがとうございました。

---

๒ **ชั่วโมง** は「2時間」なので、๒ **ชั่วโมงก่อน~** では「〜する2時間前に」という意味を表わすことができます。

関連表現／使える表現

B 74

● **リコンファーム**

出発は何日ですか？（男性）

จะเดินทางวันไหนครับ
càʔ dəən thaaŋ wan nǎy khráp

・3月31日です。（女性）

วันที่ ๓๑ มีนาค่ะ
wan thîi sǎam sip ʔèt miinaa khâʔ

便名は何ですか？（男性）

เที่ยวบินอะไรครับ
thîaw bin ʔaray khráp

・SQ67です。（女性）

SQ67 ค่ะ
ʔés khiw hòk cèt khâʔ

どちらにお泊まりですか？（男性）

พักอยู่ที่ไหนครับ
phák yùu thîi nǎy khráp

・「ボーラーン・ハウス」というホテル
に泊まっています。（女性）

พักอยู่ที่โรงแรมชื่อ "โบราณเฮ้าส์" ค่ะ
phák yùu thîi rooŋrɛɛm chûu booraan háw khâʔ

・友人の家に泊まっています。（男性）

พักอยู่ที่บ้านเพื่อนครับ
phák yùu thîi bâan phûan khráp

空港には何時に行かなければなりま
せんか？（女性）

ต้องไปถึงสนามบินกี่โมงคะ
tɔ̂ŋ pay thǔŋ sanǎam bin kìi mooŋ khâʔ

飛行機は時間通りに出ますよね？（男性）

เครื่องบินจะออกตรงเวลาใช่ไหมครับ
khrûaŋ bin càʔ ʔɔ̀ɔk troŋ weelaa chây máy khráp

B 75

● **空港まで**

ここからドーンムアンまで時間はど
のくらいかかりますか？（女性）

จากที่นี่ไปดอนเมือง ใช้เวลาสักเท่าไรคะ
càak thîi nîi pay dɔɔnmuaŋ cháy weelaa sák thâwrày khâʔ

ドーンムアンへはどうやって行った
らいいですか？（男性）

ไปดอนเมือง ไปอย่างไรดีครับ
pay dɔɔnmuaŋ pay yaŋŋay dii khráp

ここからドーンムアンまで、タクシ
ーに乗って行ったらいくらくらいか
かりますか？（女性）

จากที่นี่ไปดอนเมือง นั่งแท็กซี่ไป
càak thîi nîi pay dɔɔnmuaŋ nâŋ théksîi pay

จะต้องเสียสักเท่าไรคะ
càʔ tɔ̂ŋ sia sák thâwrày khâʔ

ドーンムアンへ行くバスはあります
か？（男性）

มีรถเมล์ไปดอนเมืองไหมครับ
mii rótmee pay dɔɔnmuaŋ máy khráp

ワンポイント アドバイス

　バンコク国際空港は、空港のある地名から別名「ドーンムアン空港」ともいいます。新東京国際空港のことを「成田空港」といえるのと同じです。ですから、「空港」というコンテクストがあれば、空港のことはドーンムアンというのが普通です。

　また「空港」は口語では **สนามบิน** といいますが、文語では **ท่าอากาศยาน** といいます。道路の標示などは **ท่าอากาศยาน** のほうですから注意しましょう。

《関連単語ブック》

空港（文語）：**ท่าอากาศยาน** thâa ʔaakàatsayaan

パスポート（文語）：**หนังสือเดินทาง** náŋsʉ̆ʉ dəən thaaŋ

入国管理局：**กองตรวจคนเข้าเมือง** kɔɔŋ trùat khon khâw mʉaŋ

国籍：**สัญชาติ** sănchâat

免税店：**ร้านปลอดภาษี** ráan plɔ̀ɔt phaasǐi

おみやげ：**ของฝาก** khɔ̆ɔŋ fàak

乗客：**ผู้โดยสาร** phûu dooysǎan

大使館：**สถานทูต** sathǎan thûut

署名：**ลายเซ็น** laay sen

タイ国際航空：**การบินไทย** kaan bin thay

練習　復習しながら 話してみよう

●基本会話の復習です。

●日本語の部分をタイ語で答えましょう。

1．A：リコンファームをお願いします。（男性）　　B：**ไปไหนคะ**

2．A：**จะเดินทางวันไหนครับ**　　　　　　　　　B：3月31日です。（女性）

3．A：**เที่ยวบินอะไรคะ**　　　　　　　　　　　B：SQ67です。（男性）

4．A：**พักอยู่ที่ไหนครับ**

　　B：「ボーラーン・ハウス」というホテルに泊まっています。（女性）

> **解答**　1．**ขอคอนเฟิร์มตั๋วหน่อยครับ**　2．**วันที่ ๓๑ มีนาค่ะ**
> 3．**SQ67 ครับ**　4．**พักอยู่ที่โรงแรมชื่อ "โบราณเฮ้าส์" ค่ะ**

บทที่ 24
空港での別れ

タイでの旅もいよいよ終わりです。いろいろな思い出でいっぱいのことでしょう。自分のことばで、感謝の気持ちを話してみましょう。

▶ **ขอบคุณมากนะคะ ที่อุตส่าห์มาส่งที่สนามบิน**

khɔ̀ɔp khun mâak náʔ kháʔ thîi ʔùtsàa maa sòŋ thîi sanăam bin

コープ クン マーク ナ カ　ティー ウトサー マー ソング ティー サナーム ビン

わざわざ空港へ見送りに来てくれてどうもありがとうございます。

▶ **ทุกสิ่งทุกอย่างที่คุณทำให้**

thúk sìŋ thúk yàaŋ thîi khun tham hây

トゥック スィング トゥック ヤーング ティー クン タム ハイ

ดิฉันคงไม่มีวันจะลืมได้นะคะ

dichán khoŋ mây mii wan càʔ luuum dâay náʔ kháʔ

ディチャン コング マィ ミー ワン チャ ルーム ダーィ ナ カ

あなたがしてくれたあらゆることは、私はきっといつまでも忘れることができないでしょう。

佐々木

▶ **รูปที่ถ่ายนะคะ กลับไปแล้วจะรีบล้าง แล้วจะส่งมาให้ค่ะ**

rûup thîi thàay náʔ kháʔ klàp pay lɛ́ɛw càʔ rîip láaŋ lɛ́ɛw càʔ sòŋ maa hây kháʔ

ループ ティー ターィ ナ カ　クラブ パィ レーォ チャ リープ ラーング　レーォ チャ ソング マー ハィ カ

撮った写真はね、帰ったら急いで現像して、送ってあげますね。

▶ **ค่ะ แน่นอนเลยค่ะ… จะเข้าไปข้างในแล้วนะคะ สวัสดีค่ะ**

kháʔ nɛ̂ɛnɔɔn ləəy kháʔ càʔ khâw pay khâŋ nay lɛ́ɛw náʔ kháʔ sawàtdii kháʔ

カ　ネーノーン ルーィ カ　チャ カォ パィ カング ナィ レーォ ナ カ　サワトディー カ

はい、もちろんですとも。もう中へ入りますね。さようなら。

解説 **ไม่มี** は **มี**「ある」の否定ですから「ない」、**วัน** は「日」なので、**ไม่มีวัน** で「日はない」という意味です。後ろに動詞句を置いて **ไม่มีวัน~** で「～する日はない」ということから、「いつまでも～しない」という意味になります。ここ

อุตส่าห์~ ：わざわざ~する　　มาส่ง ：見送りに来る　　อยู่ ：いる

กับ~ ：~と　　ทุก~ ：すべての~、毎~

สิ่ง ：こと、もの　　อย่าง ：種類　　ลืม ：忘れる

เหมือนกัน ：同じ　　เวลา ：時間　　รูป ：写真

ถ่าย ：（写真を）撮る　　รีบ~ ：急いで~する　　ล้าง ：現像する

ส่ง ：送る　　อย่า~ ：~しないでください　　เขียน ：書く

จดหมาย ：手紙　　แน่นอน ：確かな、間違いない

เข้าไป ：入る、入って行く　　ข้างใน ：中

◀ **ไม่เป็นไรครับ อยากจะอยู่กับคุณนัทซุโกะนานๆ ครับ**

mâypenray khráp　yàak càʔ yùu kàp khun nátsukòʔ naan naan khráp

マイペンライ　クラブ　ヤーク　チャ　ユー　カプ　クン　ナトスコ　ナーン　ナーン　クラブ

どういたしまして。できるだけ長くナツコさんといっしょにいたかったので。

◀ **ผมก็เหมือนกันนะครับ**

phŏm kɔ̂ʔ mŭıan kan náʔ khráp

ポム　コ　ムーアン　カン　ナ　クラブ

คงไม่ลืมเวลาที่เราอยู่ด้วยกันครับ

khoŋ mây luuum weelaa thîi raw yùu dûay kan khráp

コング　マィ　ルーム　ウェーラー　ティー　ラォ　ユー　ドゥーアィ　カン　クラブ

私も同じですよ。きっと私たちがいっしょにいた時間を忘れないでしょう。

ทวีสิทธิ์
（タウィースィット）

◀ **อย่าลืมเขียนจดหมายมาด้วยนะครับ**

yàa luuum khĭan còtmǎay maa dûay náʔ khráp

ヤー　ルーム　キーアン　チョトマーィ　マー　ドゥーアィ　ナ　クラブ

手紙を書くのも忘れないでくださいね。

◀ **ครับ สวัสดีครับ โชคดีนะครับ**

khráp　sawàtdii khráp　chôok dii náʔ khráp

クラブ　サワトディー　クラブ　チョーク　ディー　ナ　クラブ

はい、さようなら。ごきげんよう！

では後ろに **จะลืมได้** 「忘れることができる」が置かれているので、**ไม่มีวัน จะลืมได้** で「いつまでも忘れることはできない」となっています。**อย่า** は後ろに動詞句を置いて「~しないでください」という意味を表わします。

関連表現／使える表現

● 挨拶

お母様によろしく。（女性）

ฝากความคิดถึงถึงคุณแม่ด้วยนะคะ
fàak khwaam khít thǔŋ thǔŋ khun mɛ̂ɛ dûay náʔ kháʔ

タウィースィットさんにもお礼をい
っておいてください。（男性）

ฝากความขอบคุณถึงคุณทวีสิทธิ์ด้วยนะครับ
fàak khwaam khɔ̀ɔp khun thǔŋ khun thawiisit dûay náʔ khráp

恐縮です。（女性）

เกรงใจค่ะ
kreeŋcay khâʔ

ご無事にご旅行されますように。
（男性）

ขอให้เดินทางโดยสวัสดิภาพนะครับ
khɔ̌ɔ hây dəən thaaŋ dooy sawàtdiphâap náʔ khráp

健康にお気をつけてください。（女性）

ขอให้ระวังรักษาสุขภาพให้ดีๆ นะคะ
khɔ̌ɔ hây rawaŋ ráksǎa sùkkhaphâap hây dii dii náʔ kháʔ

どうぞお幸せに。（男性）

ขอให้มีความสุขมากๆ นะครับ
khɔ̌ɔ hây mii khwaam sùk mâak mâak náʔ khráp

もし機会があったら、また遊びに来
てくださいね。（女性）

ถ้ามีโอกาส กลับมาเที่ยวอีกนะคะ
thâa mii ʔookàat klàp maa thîaw ʔìik náʔ kháʔ

タイにいる間ずっと、とても楽しか
ったです。（男性）

ตลอดระยะเวลาที่อยู่ที่เมืองไทย
talɔ̀ɔt ráyáʔ weelaa thîi yùu thîi mɯaŋ thay

สนุกมากครับ
sanùk mâak khráp

● カウンタで

窓際の席をお願いできますか？（男性）

ขอที่นั่งริมหน้าต่างได้ไหมครับ
khɔ̌ɔ thîi nâŋ rim nâatàaŋ dâay máy khráp

これは機内に持ち込めますか？（女性）

อันนี้จะเอาขึ้นไปบนเครื่องบินได้ไหมคะ
ʔan níi càʔ ʔaw khɯ̂n pay bon khrɯ̂aŋ bin dâay máy kháʔ

・大丈夫です。（男性）

ได้ครับ
dâay khráp

私は2日に電話で既にリコンファー
ムしました。（女性）

ดิฉันโทรไปคอนเฟิร์มเมื่อวันที่ ๒ แล้วนะคะ
dichán thoo pay khɔnfəəm mɯ̂a wan thîi sɔ̌ɔŋ lɛ́ɛw náʔ kháʔ

（手続きは）すっかり終わりですね？
（男性）

เรียบร้อยแล้วใช่ไหมครับ
rîap rɔ́ɔy lɛ́ɛw chây máy khráp

ワンポイント アドバイス

　ขอให้ は後ろに動詞句を置いて「どうか〜しますように」という意味を表わします。

　เรียบร้อย は「きちんとした」という意味で、服装や人などの形容に用いられる場合には、とてもプラスのイメージを持ったことばです。ですから、**ไม่เรียบร้อย** といわれるようなことは極力避ける必要があります。動詞で用いる場合には「きちんとした状態になる」ということから、何か手順があることであれば滞りなく終わる、ということになります。

《関連単語ブック》

郵便：**ไปรษณีย์** praysanii

はがき：**ไปรษณียบัตร** praysaniiyabàt

絵はがき：**โปสการ์ด** póotsakáat

便せん：**กระดาษเขียนจดหมาย** kradàat khian còtmǎay

封筒：**ซองจดหมาย** sɔɔŋ còtmǎay　　切手：**แสตมป์** satem

郵便番号：**รหัสไปรษณีย์** rahàt praysanii

年賀状、グリーティングカード：**ส.ค.ส.** sɔ̌ɔ khɔɔ sɔ̌ɔ

小包：**พัสดุ** phátsadù?　　書留にする：**ลงทะเบียน** loŋ thabian

 練習　復習しながら 話してみよう

●基本会話の復習です。

●日本語の部分をタイ語で答えましょう。

1．A：わざわざ空港へ見送りに来てくれてどうもありがとうございます。（男性）
　　B：**ไม่เป็นไรค่ะ**

2．A：あなたがしてくれたあらゆることは、私はきっといつまでも忘れることができないでしょう。（女性）　　B：**ผมก็เหมือนกันนะครับ**

3．A：手紙を書くのも忘れないでくださいね。（男性）　　B：**ค่ะ แน่นอนเลยค่ะ**

4．A：これは機内に持ち込めますか？（女性）　　B：**ได้ครับ**

　解答 1. ขอบคุณมากนะครับ ที่อุตส่าห์มาส่งที่สนามบิน　2. ทุกสิ่งทุกอย่างที่คุณทำให้ ดิฉันคงไม่มีวันจะลืมได้นะคะ　3. อย่าลืมเขียนจดหมายมาด้วยนะครับ　4. อันนี้จะเอาขึ้นไปบนเครื่องบินได้ไหมคะ

タイのミュージックシーン

　タイのポピュラーソングの世界は、大別するといわゆるポップスにあたる「プレーン・サーコン（**เพลงสากล**）」と日本でいえば演歌にあたる「プレーン・ルーク・トゥン（**เพลงลูกทุ่ง**）」とに分けることができるでしょう。

　「ルーク・トゥン」は演歌とはいっても、日本の演歌のようにもの悲しげなメロディのものとは異なり、その多くは明るいメロディで歌い飛ばすものです。バンコクでも地方ででも、ふと気がつくと背景にはこの「ルーク・トゥン」が流れていたりします。

　ポップスも、特に都市の若者の間ではたいへん人気があります。バンコクなどではミュージックテープや CD を扱う大型店が何店もあり、そこには日本と比べてもひけをとらないような洒落たジャケットが所狭しと並んでいます。音楽の種類もバラードやロック、歌手もローティーンから中年くらいまでと、バラエティに富んでいます。

　時間があれば、この種のミュージックテープや CD を扱う店をのぞいてみるのも、現代タイ文化に触れる貴重な機会であると思います。

　現在、日本でもタイポップスは人気が高く、テープや CD を扱う店もありますし、タイ語カラオケを置く店も、たとえば新宿などでは増えています。そしてその種の店では、毎週末決まってタイポップスを歌いに訪れる日本人タイフリークの姿も目立つようになっています。

　タイ語カラオケに関心を持つ人たちが今注目しているのが、VCD（ビデオ CD）です。タイでは CD に変わるメディアとして人気を集めつつあります。CD は音声だけですが、VCD は音声に画像を加えたもので、簡単にいえばカラオケ店でモニター上に映し出される画像＋音声が、自分の PC 上でそのまま再現できるものです。バンコクのパンティッププラザなどでは、VCD の店に群がるカラオケ好きの人々の姿を目にすることができます。

チェックタイム⑧

●第22課から第24課の復習です。以下の問題にチャレンジしましょう。

1．次の文を日本語に訳しましょう。

① คุณหมอที่นี่พูดภาษาญี่ปุ่นได้ไหมคะ/ครับ

② เครื่องบินจะออก ๔ นาฬิกา ๕๐ นาทีค่ะ/ครับ

③ ขอให้มีความสุขมากๆ นะคะ/ครับ

2．次の文をタイ語で発音しましょう。

①今朝から熱があります。

②リコンファームをお願いします。

③お母様によろしく。

3．タイ語で次の質問に答えましょう。（括弧内のことばを用いて）

① จะไปหาหมอไหมคะ/ครับ （たぶん必要ないと思う）

② จะเดินทางวันไหนคะ/ครับ （5月17日）

③ เรียบร้อยแล้วใช่ไหมคะ/ครับ （すっかり終わった）

解答

1．①ここの医師は日本語を話せますか？
　②飛行機は午前5時50分に出ます。
　③どうぞお幸せに。

2．①มีไข้ตั้งแต่เมื่อเช้าค่ะ/ครับ
　②ขอคอนเฟิร์มตั๋วหน่อยค่ะ/ครับ
　③ฝากความคิดถึงถึงคุณแม่ด้วยนะคะ/ครับ

3．①คิดว่าคงไม่ต้องค่ะ/ครับ
　②วันที่ ๑๗ เดือนพฤษภาค่ะ/ครับ
　③เรียบร้อยแล้วค่ะ/ครับ

実力診断テスト 2

　このテストは、Ⅱ. 旅行会話の全15課で学んだことがきちんと身についているかどうかを自己診断するものです。解答例はあくまでも参考です。あなた自身の答えを話せるようにがんばりましょう。

 CD のタイ語による会話を聞き取り、タイ語で素早く応答しましょう。

1. รับกาแฟร้อนอีกไหมคะ/ครับ

2. พันธ์ทิพย์พลาซ่าอยู่ถนนเพชรบุรีใช่ไหมคะ/ครับ

3. โทรมาจากไหนไม่ทราบคะ/ครับ

4. ได้ยินไหมคะ/ครับ

5. ขอดูพาสปอร์ตด้วยค่ะ/ครับ

6. ทานเครื่องดื่มในตู้เย็นหรือเปล่าคะ/ครับ

7. รับเครื่องดื่มอะไรดีคะ/ครับ

8. รับเบียร์สิงห์ขวดใหญ่กี่ขวดคะ/ครับ

9. อยากทานอะไรคะ/ครับ

10. มีอะไรที่ทานไม่ได้ไหมคะ/ครับ

11. ชอบทานอะไรคะ/ครับ

12. สั่งอะไรเพิ่มอีกไหมคะ/ครับ

13. รถเมล์กับรถไฟฟ้าบีทีเอส อย่างไหนสะดวกกว่ากันคะ/ครับ

14. คุณอยากจะซื้อตั๋วไปเชียงใหม่เที่ยวกี่โมงคะ/ครับ

15. คุณอยากจะซื้อตั๋วไปเชียงใหม่กี่ที่คะ/ครับ

16. ที่นี่ที่ไหนคะ/ครับ

17. จากที่นี่ไปสถานีรถไฟ ใช้เวลาสักเท่าไรคะ/ครับ

18. จากที่นี่ไปสถานีรถไฟ ไกลไหมคะ/ครับ

19. แถวนี้มีร้านที่มีบริการอินเตอร์เน็ตไหมคะ/ครับ

20. วันนี้จะไปเที่ยวไหนคะ/ครับ

21. ที่นี่ถ่ายรูปได้ไหมคะ/ครับ

22. ขอถ่ายรูปด้วยได้ไหมคะ/ครับ

23. มีใบขับขี่นานาชาติไหมคะ/ครับ

24. อยากจะซื้อกางเกงยีนส์สีอะไรคะ/ครับ

25. อยากจะซื้อกางเกงยีนส์ขนาดเท่าไรคะ/ครับ

26. ไม่สบายหรือเปล่าคะ/ครับ

27. มีไข้ไหมคะ/ครับ

28. จะเดินทางไปเมืองไทยวันไหนคะ/ครับ

29. พักอยู่ที่ไหนคะ/ครับ

30. ถ้ามีโอกาส กลับมาเที่ยวอีกนะคะ/ครับ

[解答例]

※各設問の解答例の後ろに何課で学習したことかを記してあります。十分な
応答ができなかった設問については、それぞれの課に戻って復習しましょ
う。

1. **เอาค่ะ/ครับ** ⟶ 第 10 課

2. **ใช่ค่ะ/ครับ** ⟶ 第 11 課

3. **ดิฉันซาซากิ มาจากญี่ปุ่นค่ะ ／ ผมทานากะ มาจากญี่ปุ่นครับ**

⟶ 第 12 課

4. **ได้ยินค่ะ/ครับ** ⟶ 第 12 課

5. **นี่ค่ะ/ครับ** ⟶ 第 13 課

6. **ไม่ได้ทานค่ะ/ครับ** ⟶ 第 13 課

7. **ขอเบียร์สิงห์ค่ะ/ครับ** ⟶ 第 14 課

8. **สัก ๒ ขวดค่ะ/ครับ** ⟶ 第 14 課

9. **อยากทานอาหารไทยค่ะ/ครับ** ⟶ 第 14 課

10. **ไม่มีเลยค่ะ/ครับ** ⟶ 第 14 課

11. **ชอบทานทอดมันปลาค่ะ/ครับ** ⟶ 第 14 課

12. **อิ่มแล้วค่ะ/ครับ** ⟶ 第 14 課

13. **รถไฟฟ้าบีทีเอสสะดวกกว่าค่ะ/ครับ** ⟶ 第 16 課

14. **เที่ยว ๒ ทุ่มค่ะ/ครับ** ⟶ 第 16 課

15. **๒ ที่ค่ะ/ครับ** ⟶ 第 16 課

16. **ที่นี่โตเกียวค่ะ/ครับ** ⟶ 第 17 課

17. **สัก ๑๕ นาทีค่ะ/ครับ** ⟶ 第 17 課

18. **ไกลค่ะ/ครับ** ⟶ 第 17 課

19. ไม่มีค่ะ/ครับ ⟶ 第 17 課

20. ไปเที่ยวสวนจตุจักรค่ะ/ครับ ⟶ 第 18 課

21. ได้ค่ะ/ครับ ⟶ 第 18 課

22. ได้ค่ะ/ครับ ⟶ 第 18 課

23. มีค่ะ/ครับ ⟶ 第 19 課

24. สีน้ำเงินเข้มค่ะ/ครับ ⟶ 第 20 課

25. ขนาด ๓๒ ค่ะ/ครับ ⟶ 第 20 課

26. ไม่ค่อยสบายตั้งแต่เมื่อคืนค่ะ/ครับ ⟶ 第 22 課

27. ไม่มีค่ะ/ครับ ⟶ 第 22 課

28. วันที่ ๒๑ เดือนธันวาค่ะ/ครับ ⟶ 第 23 課

29. พักอยู่ที่บ้านเพื่อนค่ะ/ครับ ⟶ 第 23 課

30. แน่นอนเลยค่ะ/ครับ ⟶ 第 24 課

プレ授業の全訳

タウィースィット：夏子さん、こんにちは。

夏子：えっ、タウィースィットさん、こんにちは。

タウィースィット：夏子さんが日本へ帰ると聞いて、それで見送りに来ました。

夏子：そうですか。ありがとうございます、わざわざ見送りに来てくれて。

タウィースィット：それでどうでしたか？　タイの観光は楽しかったですか？

夏子：すごく楽しかったです。

タウィースィット：タイ料理は食べられましたか？

夏子：とてもおいしいです。私はとても好きです。日本料理よりも好きかもしれません。

タウィースィット：辛くないんですか？

夏子：とても辛いです。でも食べられます。

タウィースィット：それで、どこへ観光に行ったのがいちばん楽しかったですか？

夏子：プーケットだと思いますよ。私はとても好きです。

タウィースィット：どうしてですか？

夏子：とてもきれいで、それからレンタカーを借りて、自分で運転して、とても楽しかったからです。

タウィースィット：それで、友だちにおみやげは買いましたか？

夏子：はい、買いました。

タウィースィット：どこで何を買ったんですか？

夏子：チャトゥチャック公園の市場でパー・カーオ・マーを買いました。

タウィースィット：チャトゥチャック公園へ行って来たんですか？　遠かったでしょう？

夏子：いいえ、BTSの電車に乗って行ったら、とても便利でした。

タウィースィット：あぁ、BTSの電車にも乗ったんですね。私はまだ乗ったことがありませんよ。

夏子：とてもいいですよ。日本の電車よりもいいかもしれません。

タウィースィット：それで、ここにいる間ずっと元気だったんですよね？

夏子：ちょっと風邪をひきましたが、すっかり良くなりました。

タウィースィット：お医者さんに行ったんですか？

夏子：いいえ、自分で薬を買ってきて飲みました。

タウィースィット：今、日本では気候はどうですか？　暑いですか？

夏子：暑くないです。涼しいですよ。

タウィースィット：きっと早く家に帰りたいでしょうね。

夏子：実は、たいしてあまり家に帰りたくないのですよ。

タウィースィット：そうですか？　不思議ですね。

夏子：タイがとても好きだからです。

タウィースィット：このようなことを聞くと、私もうれしいですよ。

夏子：もう5時になりました。急いで中に入ったほうがいいですよね。

タウィースィット：はい。手紙を書くのを忘れないでくださいね。

夏子：はい。忘れません。

タウィースィット：ご無事を祈っています。

夏子：ありがとうございます。

タウィースィット：さようなら。

夏子：さようなら。

　　夏子さんのタイ旅行中の出来事が語られています。みなさんも、このテキストを通してのタイ旅行を終えられ、充実感でいっぱいのことでしょう。

　　プレ授業で用いられている単語やフレーズはすでに学んだものばかりですから、内容はよくわかったことと思いますが、もしわからない部分があったら、もう一度わかるまで復習してください。プレ授業がきちんと聞き取れ、内容も理解できたら、このくらいの内容は暗唱してしまい、同じくらいのスピードで話せるよう、練習してみてください。

東進ブックス

今すぐ話せるタイ語 ［入門編］

2000 年 4 月 7 日　初版発行

著　　　者	●水野　潔
発 行 者	●永瀬昭幸
発 行 所	●株式会社ナガセ
本　　　社	〒 180-0003 東京都武蔵野市吉祥寺南町 1-29-2
出版事業部	〒 167-0043 東京都杉並区上荻 1-11-2
	電話 03-3398-7600　FAX 03-3398-4579
	2000 printed in Japan
印 刷 製 本	●大日本印刷株式会社

©2000　　　　　　＊乱丁・落丁本はおとりかえいたします。

ISBN4-89085-167-4 C0087

21世紀に身につけておきたい英語力。 その代表的な指標「英検」 「TOEIC®テスト」を知る。

「英検」とは、(文部省認定実用英語技能検定)の通称です。英語力を評価するもっとも代表的な検定として1963年から実施されています。志願者数は年々増加し、年間30万人ほどが受験する検定試験へと拡大しました。

この「英検資格」を取得すると、高校入試や大学入試で優遇されたり、高校・大学において単位として認定されたり、また企業や団体等で認定資格としても位置づけられるなど実利の多い資格の一つです。

国際化社会において、英語を学ぶ幅広い層の人々の間で、「英検」は英語力を客観的に評価できる資格として、今後も活用されていくでしょう。

＜英検取得によるメリット＞

431の大学・短大が英検資格取得者の入学を優遇

1997年度入試において、431校の大学・短大が、推薦・一般入試で「英検資格を優遇」しており、今後もその傾向はますます高まっていくと思われます。特に、推薦入試での重要性が大きく、大学の英検優遇校の場合、その半数以上が優遇条件のひとつとしています。

英検資格は国際化要因の条件

財団法人日本英語検定協会の調べでは英語力を「重視している」企業が39％もあります。さらに、別の調査では「67％の企業が採用時に英検資格を考慮する」としており、英検は「使える資格」の証明として評価されています。

TOEIC®テスト(Test of English for International Communication)は世界50ヵ国で実施されているテストで、国際コミュニケーションの場で必要とされる英語能力を、正確、客観的に評価するための世界共通基準＝モノサシです。米国の大学への入学資格検定を目的としたTOEFLに対して、TOEIC®テストは、英語のコミュニケーション能力を幅広く測定することに主眼が置かれています。自国語を介在させずに英語力を測るテストで、合格や不合格を決めるものではなく、テストの結果は10～990点までのスコアで表示されます。常に一定した評価基準を与えることによって、客観的なコミュニケーション能力の把握を可能にします。

ビジネスマンのTOEIC®スコア別英語能力

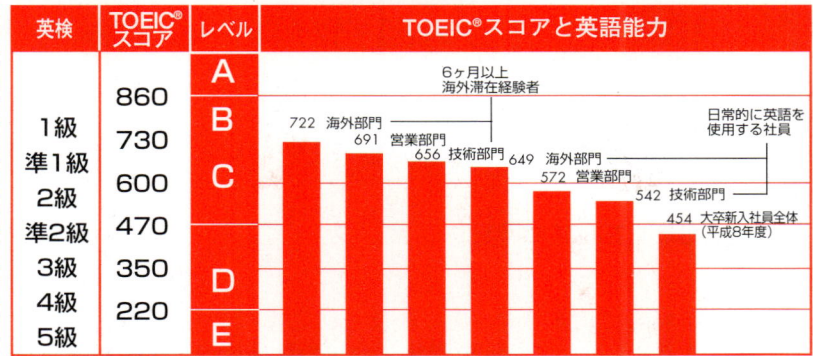

英検	TOEIC®スコア	レベル	TOEIC®スコアと英語能力
	860	A	
1級	730	B	
準1級	600	C	
2級			
準2級	470		
3級	350	D	
4級	220		
5級		E	

グラフ内の表記：
722 海外部門
691 営業部門
656 技術部門
649 海外部門
572 営業部門
542 技術部門
454 大卒新入社員全体（平成8年度）
6ヶ月以上海外滞在経験者
日常的に英語を使用する社員

A：Non-Native として十分なコミュニケーションができる
B：どんな状況でも適切なコミュニケーションできる素地を備えている
C：日常生活のニーズを充足し、限定された範囲内では業務上のコミュニケーションができる
D：通常会話で最低限のコミュニケーションができる
E：コミュニケーションができるまでに至っていない

どうして今、ホンモノの英語力が必要なの？

ビジネスの第一線で活躍するヘッドハンターはこう考える

これからの時代は、英語から逃げられない。

　英語でものごとを考えることが「逃げきれない」時代に入ってきていますよね。英語で自分を表現したり、相手が英語で言っていることをそのまま理解できないといけない時代が来ているのかな、と。それは日本のせいじゃなく、世界がそう変わってきているんです。
　例えば銀行とか証券会社とか多くの世界につながっている仕事では「今CNNでこんな報道がされた」とか「ニューヨークでこんな事件が起きた」とか、生の情報をリアルタイムにつかまないと話にならない。つまり、21世紀のビジネス社会に生きて行くには「英語で情報をとり、英語で情報を発信する」世界から逃げきれないということです。

「英語でビジネスをする時代」が必ず来る。

　例えば将来的には会社の机の2/3が英語の書類で埋まってしまうような「英語でビジネスをする時代」が必ずやってきます。今までは英語が駄目でも「俺は仕事ができる」と言えたんですけど、これからは通用しないですよ。そうでないと国際経済の中で生きていけないから。
　だから、これから仕事をしていく若い世代に言いたいのは、「外国に出たい」と思う人はどんどん海外に行くべきだということです。なるべく世界を放浪するような生き方をするべきだと思う。そのとき英語が「生きていく道具」として必要になるんです。

古田　英明氏
ヘッドハンティング会社
「縄文アソシエイツ」代表取締役

なぜ「東進Dスクール英語コース」は、生きた英語力が身につくの?

1 3年間で3000時間、気がつくと、外国の生活・文化まで理解している英語のシャワー!

これまでの英語学習は、あまりにも学習時間が少なすぎました。しかし東進Dスクールなら、自宅のテレビで毎日学習できるので、気がつくと日本とは違う価値観や文化まで理解し、グローバルな見方や感性が身についています。テレビをつけっ放しにして、シャワーのように英語を浴びるだけでもOK。いつの間にか3000時間の「生きた英語」が、体の中に入ってきます。

2 3段階のスピードの英語ニュースだから、自分のレベルに応じて学習できる。

東進Dスクールは世界的な通信社のロイターと提携し、世界の最新ニュースを『英語ニュース講座』で放送します。100語／分・150語／分・180語／分とスピードの異なる英語のニュースを視聴できるため、常に自分より少し上のレベルの、鮮度の高い英文で英語力を磨けます。また、ニュースをアナウンスすると同時に、ニュース全文、ニュース写真、用語解説を画面に表示するため、より深く理解できます。

クリスチャン・マンシィーニ

3 視覚を活用した学習ができる。
つまり、視覚×聴覚＝(英語力)^2

スカイパーフェクＴＶ！によりテレビの映像を使って学習するので視覚・聴覚をフルに活用して英語にひたることができます。ニュースをよりビジュアルにイメージするための資料や、ニュースの内容に応じて画面に出るキャプションなど、ネイティブの口の動き・ボディランゲージと共に自然なリズムの英語が入ってくるので、実戦的な「使える英語」が身につきます！

英語ニュース講座

TOEIC®テストに関する第一人者も認める、ビジュアル学習の威力
本物の英語力を得るには、視覚を通して学ぶのが一番

「英語の情報に触れる時間を増やす」
英語に触れる時間数は、最低でも3000時間以上必要です。それもある一つの教材を繰り返し学習して3000時間学習するのではなく、常に新しい情報で3000時間確保する必要があります。同じ教材を繰り返しやっても、その教材は完璧になるかもしれませんが、それ以外のことはできないんですよね。でも3000時間英語に触れようとすると、英語学校では、大体600万くらいはかかってしまいます。だから、「ＴＶを見たりラジオを聞いたり新聞を読んだりした方がいいよ」と言っているんです。

「実力に応じた内容の学習をする」
普段英語を使わない人が、テレビで英語のニュースを見てもよく分からないはずです。通常英語のニュースは1分間に150語くらいのスピードで読まれます。これをいきなり理解するのは無理ですので、まずネイティブがゆっくり話すレベルの1分100語くらいで読まれている英語ニュースを聞く方法があります。そのスピードで「遅い」と感じたら、もう少し早いスピードのものを聞けばいいんです。

「視覚を最大限に活用する」
コミュニケーションに必要な情報の37％は視覚から得ているというデータがあります。聴覚からは10％程度。つまり「視覚から全体をイメージして理解していく」。コミュニケーション能力を高める訓練では、この状況で何が話題になっていて何を言っているのかが、まずわかればいい。イメージで考えて、とにかく英語でクイックレスポンスを行う、この訓練が必要ですね。

赤井田　拓弥氏
株式会社ナラボー・プレス代表取締役。
本コースのTOEIC®テスト対策講座の教材制作にも携わる。

🌟 月々10,000円で「ホンモノの英語」が身につく！

「東進Dスクール英語コース」をお申し込みになると、3段階のスピードの
ニュースで英語力のベースを作る「英語ニュース講座」、1級・準1級・2級・準
2級・3級・4級・5級と7レベルもの「英検対策講座」と、470点突破・600点
突破・730点突破（860点突破・920点突破は、98年秋開講）と、5レベ
ルの「TOEICテスト対策講座」の全てを受講することができます。レベル別
なので初級レベルから上級レベルまで、「東進Dスクール英語コース」だけ
で確実なステップアップができ、ネイティブレベルの英語力が目指せます。
これだけ受講できて年間受講料はたったの120,000円（月額換算
10,000円）。手ごろな料金で英語を身につけることができるチャンスです。

通学時間は0分！ しかも
自分のスケジュールに合わせられる

いくら駅から近くても、忙しい毎日の中では通うこと自体がかなり
の負担になります。疲れていてまっすぐ帰りたい時も、自宅での受講
なら通学時間も労力も要らず、欠席になることもありません。自宅でリ
ラックスした状態で英語を身につける、自然で理想的な英検やTOEIC
テストの対策ができるのです。

また講義を録画しておけば受講する時間は自由自在。毎週同じ曜日・
時間に受けられなくても、仕事や学校で忙しい時期があっても、これな
ら無理なく続けられます。英検・TOEICテスト対策中心の生活に突然切
り替えても上手くはいかないものです。プライベートや様々な付き合
いにも支障なく、余裕が持てる受講スタイルだから、自分のライフスタ
イルは崩さずに普段の生活の中に生きた英語が入ってくるのです。

また、アンテナ設置の事情でSKY PerfecTV!を受信できなくても、
講義収録ビデオをご自宅へお届けするビデオコピーサービスで安心。

わかりやすさが違う一流講師陣

東進Dスクールの講師は、予備校界で名高い実力講師、翻訳家、通訳、
元大学教授など、幅広い人材がそろっています。だから、わかりやすさ
もやる気も違ってきます。

また、ネイティブ・スピーカーが登場する時間もタップリとあります
ので、正確な発音を聞き、発音の際の口の動きを追うこともできます。

🌟 定評のあるテキストだから、使いやすい

「英検対策講座」では、英検受験に精通している旺文社のテキストを
使用。そのノウハウを活かして英検を制する実戦力を強化します。

「TOEICテスト対策講座」では、TOEICテスト受験のオーソリティで
あるジャパンタイムズやアルクのテキストを使用。大量の問題を早く
読み、聞き、解くTOEICテストに完全対応し、実戦力を強化します。

確実な英語学習ができます！

●試験対策

	講 座	授業の回数	テ キ ス ト
英検対策講座	1 級	30分×30回 週3回	4週間完成英検1級攻略法 （アルク）
	準1級	30分×30回 週3回	英検準1級完全模試 （アルク）
	2 級	30分×30回 週3回	英検2級教本 （旺文社）
	準2級	30分×30回 週3回	英検準2級教本 （旺文社）
	3 級	30分×30回 週3回	英検3級教本 （旺文社）
	4 級	30分×20回 週2回	英検4級教本 （旺文社）
	5 級	30分×20回 週2回	英検5級教本 （旺文社）
TOEICテスト対策講座	470点 突破	30分×36回 週2回	TOEICリーディング完全攻略 TOEICリスニング完全攻略
	600点 突破	30分×36回 週2回	《サブテキスト》 TOEIC必修イディオム TOEIC必修単語
	730点 突破	30分×36回 週2回	はじめてのTOEIC （ジャパンタイムズ）

※860点突破・920点突破は、好評公開中

●英語力のベース

英語ニュース講座	世界的通信社ロイター協力によるスピード別の ニュース番組など。 100語／分・150語／分・180語／分（テキストは必要ありません）

※英語コース受講料　月額1万円で上記すべての講座を受講することができます。

ハガキ 今すぐ郵送を!

本書にはさみ込まれているハガキに必要事項を記入の上、ご投函ください。

電話 今すぐお電話を!

お名前・ご住所など、お申し込み手続きに必要な内容をおうかがいします。

0120 0120-531-104

※携帯電話・PHSからはご使用できません。

☎ 0422-70-7057

※携帯電話・PHSからでもご使用できます。

FAX 今すぐファックスを!

FAX 0422-70-7058 (24時間受付)

※名前・電話番号・住所・受講料納入方法を記載の上、「英語コース受講申込(東進ブックス)」係へ送信してください。

申込を決める

SKY PerfecTV! 受信機器を購入・設置します。

※チューナー・アンテナの設置後、SKY PerfecTV! 加入申込書をSKY PerfecTV! に郵送してください。SKY PerfecTV! の加入には、加入金2,800円(初回のみ)と基本料290円(毎月)が必要です。

※SKYPerfecTV! が設置され次第、東進Dスクール(0120-531-104)にICカード(パーフェクカード)番号をお知らせください。お知らせいただいた日の3〜4日後から講義がご覧になれます。(ICカード番号は、チューナーに付属しているICカードに記載されている16ケタの番号です)

受講開始!

年間受講料

東進Dスクール 英語コース受講料 **120,000円** (12ヶ月分・税別)

■年間受講料納入方法
1. SKY PerfecTV!届出口座からの自動振替
2. 振込による一括納入
3. 12回分割月払い
4. クレジットカード(1回払)でのお支払い(UC・VISA・Master・ダイナース・JCB)

※上記の方法からお選びください。
※中途解約もできます。その場合、受講済みの受講料を月単位で精算の上、残金を返金いたします。

テキスト

テキストは各自書店で購入されるか、東進Dスクールにご注文ください。

※東進Dスクールにご注文いただいたテキストは、宅急便の代金引替渡しにて配送されますので、テキスト到着時にその場でテキスト代と送料800円をお支払いください。